Edelgard Moers

Weihnachten

in Deutschland, Europa und der Welt

Kreative fächerübergreifende Materialien zu Weihnachtsbräuchen hier und anderswo

Auer

Gedruckt auf umweltbewusst gefertigtem, chlorfrei gebleichtem und alterungsbeständigem Papier.

1. Auflage 2019

Covergestaltung und -illustration: Kristina Melz I Grafik Design & Konzeption, Hamburg
Illustrationen: Corina Beurenmeister
Satz: Typographie & Computer, Krefeld
Druck und Bindung: Korrekt Nyomdaipari Kft., Budapest
ISBN 978-3-403-**08408**-2

www.auer-verlag.de

Inhaltsverzeichnis

Vorwort

Das Wort Weihnachten kommt vom lateinischen „dies natalis“ und bedeutet: Der Tag der Geburt. Überall in der Welt, wo es Christen gibt, wird Weihnachten gefeiert. Es ist der Geburtstag des Christkindes und die Erinnerung an die Heilige Nacht vor zweitausend Jahren im Stall von Bethlehem.

Doch zahlreiche Weihnachtsbräuche, die wir heute kennen, haben einen noch viel weiter zurückliegenden Ursprung. Schon lange vor der christlichen Zeitrechnung besannen sich die Menschen auf die nun kürzer werdenden Nächte und feierten am 21. Dezember den Tag der Wintersonnenwende in Nordeuropa. Die Menschen dort schmückten riesige Baumstämme zu Ehren der Götter und der Sonne. Das Verbrennen dieser Baumstämme war ein festliches Ereignis und mit Erwartungen an die Sonne verbunden, bald wieder heller zu scheinen.

Durch die Lernangebote in diesem Buch setzen sich die Kinder mit dem Ursprung der bekannten Weihnachtssymbole und -rituale auseinander. Gleichzeitig erfahren sie, dass das Weihnachtsfest auch anders gestaltet und gefeiert werden kann, als sie es von zu Hause her kennen. Schon in Deutschland unterscheidet sich das Brauchtum in einzelnen Regionen. In Europa gibt es darüber hinaus weitere Besonderheiten durch Lieder, Geschichten, Speisen und Geschenkebringer. In manchen Ländern treten neben dem Kind in der Krippe, Maria, Josef und den Hirten auch Märchengestalten oder Heilige in den Vordergrund. Im Brauchtum vieler Länder kommt ein Weihnachtsmann mit rotem Mantel und roter Mütze ins Haus, der den Kindern zum Weihnachtsfest Geschenke bringt. Doch ganz gleich ob Father Christmas, Papa Noël, Sinterklaas, Santa Claus, Väterchen Frost, Santa Lucia, Jultomte, Santa Basil oder Hexe Befana – alle Gestalten bringen Freude ins Haus und somit auch die Weihnachtsbotschaft: Frieden für alle Menschen unserer Welt.

Durch die Beschäftigung mit dem Thema erhalten die Kinder vielfältige Lernchancen auf unterschiedlichen Ebenen und erweitern ihre Kompetenzen. Sie …

- wissen, warum Christen Weihnachten feiern und tauschen sich darüber aus.
- sammeln ihre Fragen zu Traditionen und Ritualen rund um Weihnachten und entwickeln ihre Wahrnehmungs- und Fragekompetenz weiter.
- kennen den Unterschied zwischen dem Nikolaus und dem Weihnachtsmann.
- lesen mit einem Partner oder in einer Gruppe ausgewählte Info-Texte und fassen das für sie Bedeutsame mit eigenen Worten zusammen.
- beschäftigen sich mit bekannten und unbekannten Weihnachtsritualen, finden Gemeinsamkeiten und Unterschiede und erweitern so ihre Lese-, Sach- und Kommunikationskompetenz.
- erweitern ihren Blick und ihr Verständnis für unbekannte Rituale und Traditionen, entwickeln Toleranz im Blick auf Europa und die Welt und erweitern ihre Selbst- und Sozialkompetenz weiter.
- diskutieren ihre Ergebnisse und reflektieren das Gelernte.
- präsentieren ihre Ergebnisse und entwickeln ihre Methodenkompetenz weiter.

Durch dieses gemeinsame Tun in der Adventszeit lernen die Kinder auch Geduld.
Sie freuen sich auf das bevorstehende Ereignis und zählen die Tage bis zu dem Fest!

Viel Spaß bei der Umsetzung wünscht Ihnen

Edelgard Moers

Inhalte des Kapitels

Im Kapitel „Weihnachten in Deutschland“ beschäftigen sich die Kinder mit typischen deutschen Weihnachtsbräuchen.
Dabei lernen sie zunächst Rituale der Vorweihnachtszeit kennen. Beim Schreiben eines Wunschzettels, Erstellen eines Weihnachtsrezeptbuches oder beim Singen von Weihnachtsliedern verkürzen Sie mit Ihren Schülern so gleichzeitig die Wartezeit bis zum Heiligabend. Ebenso beschäftigen sich die Kinder mit dem zentralen Element in nahezu jedem Haus an Heiligabend: dem Weihnachtsbaum. Sie vergleichen die „Geschenkebringer“ Weihnachtsmann und Christkind und eignen sich Wissen über die Weihnachtsgeschichte und Weihnachtsbotschaft an. Zum Abschluss darf jedes Kind sein persönliches Weihnachtsfest vorstellen und mit dem anderer Kinder vergleichen.

Übersicht Arbeitsblätter

KV	Name	Hinweise/Material
1	Der Adventskalender	Materialien zum Basteln eines Klassenadventskalenders zur Verfügung stellen oder mitbringen lassen: entweder 24 Streichholzschachteln oder Socken/Säckchen, Buntstifte, Tonpapier, Bastelutensilien
2	Mein Weihnachtskalender-Leporello	Jedes Kind benötigt Schere, Kleber und Buntstifte.
3	Mein Fenster-Adventskranz	Jedes Kind benötigt Filzstifte. Speiseöl und Pinsel zum Bestreichen des Bildes zur Verfügung stellen.
4	Stilleübung Adventskranz	Es werden Entspannungsmusik, kurze abgeschnittene Tannenzweige, dicke Kerzen, je ein Teelicht und ein dazu passendes Glas pro Schüler und Zündhölzer/ein Feuerzeug benötigt. Tipp: Diese Inszenierung können die Kinder auf einer Weihnachtsfeier vorstellen. Während der gesamten Aktion kann leise Entspannungsmusik gespielt werden.
5	Komplimente-Wichteln im Klassenzimmer	Damit in einer Schulklasse kein Kind zu viele Geschenke bekommt oder ein anderes Kind leer ausgeht, kann gewichtelt werden. Jedes Kind der Klasse schreibt dazu seinen Namen auf ein kleines Stück Papier. Dieses Papier wird wie ein Los zusammengerollt. Die Lose werden gemischt. Dann zieht jedes Kind ein Los. Darauf steht der Name desjenigen Kindes, das beschenkt werden soll. Für dieses Kind wird nun auf der Vorlage ein kleines Kompliment verfasst. Der Zettel wird zusammengefaltet und mit dem

KV	Name	Hinweise/Material
		Namen des Kindes versehen. Im Laufe der Adventszeit darf jedes Kind sein Briefchen öffnen. Das Wichteln soll heimlich vor sich gehen. Keiner weiß, von wem die Botschaft kommt.
6	Mein Wunschzettel	Die Kinder machen sich über immaterielle Geschenke Gedanken
7	Unser weihnachtliches Rezeptbuch	Gemeinsam soll in der Klasse ein Weihnachts-Rezeptbuch mit den Lieblingsrezepten der Kinder gestaltet werden. Jedes Kind bringt dafür sein Lieblingsrezept von zu Hause mit und trägt es in den Vordruck ein. Kopieren Sie alle Vordrucke in Klassenstärke und heften Sie die Einzelseiten zu Büchern zusammen. So kann am Ende jedes Kind sein Rezeptbuch mit nach Hause nehmen. Tipp: Für eine weihnachtliche Stimmung kann das Lied „In der Weihnachtsbäckerei“ von Rolf Zukowski bei YouTube aufgerufen werden.
8	Woher kommt der Weihnachtsbaum?	Die Kinder informieren sich über die Bedeutung des Weihnachtsbaumes.
9	Weihnachtsbaum-Rap	Tipp: Für ein besseres Rhythmusgefühl kann der Rap mit einem leisen Beat hinterlegt werden.
10	Unser Weihnachtsbaum-Rollenspiel	Die Kinder gestalten ein Rollenspiel, indem sie einen kleinen Tannenbaum Schritt für Schritt zu einem Weihnachtsbaum schmücken. Der Tannenbaum kann echt, aus Holz oder auch nur auf Papier/die Tafel gemalt sein. Tipp: Als Vorlage für die Tafel kann auch die Illustration des Baumes der KV 10 verwendet werden. Die einzelnen Gruppen wählen jeweils einen Weihnachtsbaumschmuck aus und basteln diesen. Dann treten die einzelnen Gruppen der Reihe nach vor einen ungeschmückten Tannenbaum, befestigen das von ihnen ausgewählte Teil, lesen ihren Text vor und erläutern die Bedeutung. Diese Darbietung können sie einige Male üben und im Rahmen einer Weihnachtsfeier in der Schule den anderen Kindern sowie Eltern und Gästen vorspielen. Tipp: Anstatt der auszuschneidenden Papiervorlagen kann im Werk- und Kunstunterricht auch aufwendigerer Baumschmuck (z. B. Strohsterne, Papierketten, Holzengel) hergestellt und für das Rollenspiel verwendet werden.

Weihnachten in Deutschland

KV	Name	Hinweise/Material
11	Mein Weihnachtsbaum-Lapbook	Materialien zum Basteln des Lapbooks zur Verfügung stellen oder mitbringen lassen: Pappe für Schablone, grünes Tonpapier (A3), Tonpapier in verschiedenen Farben, Papier, Goldpapier, Schere, Klebstoff, Heftklammern
12	Weihnachtsbaum-Domino	Die Kinder benötigen eine Schere und Buntstifte.
13	Nikolaus oder Weihnachtsmann?	Die Kinder machen sich bewusst, wodurch sich Nikolaus und Weihnachtsmann unterscheiden.
14	Weihnachtsmann oder Christkind?	Die Kinder schreiben ihre Gedanken zu den Geschenkebringern auf.
15	Leporello – Der Weg nach Bethlehem	Jedes Kind benötigt eine Streichholzschachtel.
16	Wir basteln eine Krippe	Jedes Kind oder jede Gruppe benötigt einen Schuhkarton, Stroh, Goldpapier, Klopapierrollen, Schere, Buntstifte.
17	Lichtertanz	Mithilfe der Bildkarten wird ein Lichtertanz eingeübt. Es werden pro Kind ein Teelicht und ein dazu passendes Gefäß benötigt. Außerdem bietet sich ruhige, festliche Entspannungsmusik an. Tipp: Der Tanz eignet sich auch für eine Aufführung auf der Weihnachtsfeier.
18	Wimmelbild Weihnachtsfest	Die Kinder werden zum Erzählen über das eigene Weihnachtsfest angeregt.
19	Weihnachtsbrettspiel	Die Klasse wird in Gruppen unterteilt. Jede Gruppe erhält einen Würfel und eine Brettspiel-Vorlage (auf DIN-A3-Format hochkopiert). Außerdem benötigt jedes Kind eine Spielfigur. Die Kinder dürfen nacheinander würfeln und so viele Felder vorrücken, wie der Würfel Augen zeigt. Landen sie auf einem Spezialfeld, müssen sie eine Weihnachtsfrage beantworten. Wer als Erstes am Ziel angekommen ist, hat das Spiel gewonnen. Tipps: • Um das Spielfeld attraktiver zu gestalten, können die Schüler die Felder zuvor farbig ausgestalten. • Die Kinder können auch selbst ein Spielfeld (z. B. in Form eines Tannenbaumes) oder auch nur einzelne Fragen entwerfen.

KV	Name	Hinweise/Material
		Lösung zu den Fragen: • Weihnachtsglöckchen: Symbol des Friedens/Botschaft der Engel • Stern: Jesus, der das Licht in die Welt brachte • Engel: Boten Gottes • Weihnachtsketten: Gesprengte Ketten durch den Erlöser Jesus • Nikolaus ist ein Heiliger (Nikolaus von Myra), Weihnachtsmann eine Kunstfigur (Geschenkebringer verschiedener Länder) • Tag des Heiligen Abends: 24. Dezember • An Weihnachten feiern wir die Geburt Jesu. • Der Adventskalender wurde vor ca. 150 Jahren erfunden. • Der Adventskranz zeigt an, wie lange es noch bis Weihnachten dauert/verkürzt die Wartezeit. Durch das Anzünden der Kerzen wird es bis Weihnachten immer heller. • siehe KV 8 „Woher kommt der Weihnachtsbaum?“
20	Mein Weihnachtsgedicht	Die Kinder schreiben ein eigenes Gedicht.
21	Weihnachtsumfrage	Die Kinder führen eine anonyme Umfrage zu Weihnachtsbräuchen durch. Die Kinder benötigen Kopien der Vorlage in der Anzahl der befragten Personen. Anschließend wird die Umfrage gemeinsam ausgewertet. Dabei sind verschieden aufwendige Verfahren denkbar (von der Strichliste an der Tafel bis zum am Computer erstellten Säulendiagramm).

Weiterführender Einsatz der Arbeitsblätter

Die Arbeitsblätter können direkt kopiert und ohne Aufwand eingesetzt werden. Mit den Ergebnissen können die Kinder anschließend eine Ausstellung organisieren. Dazu können die Kinder auch über Kindersuchmaschinen, mit Sachbüchern oder durch Gespräche mit Eltern, Großeltern oder Freunden ihr Wissen ausweiten.

Name: Datum: **KV 1**

Der Adventskalender

1. Lest den kurzen Text. Markiert wichtige Informationen.

Mit einem Adventskalender kann man die einzelnen Tage bis zum Weihnachtsfest herunterzählen. Hinter jedem der insgesamt 24 Türchen wartet eine andere Überraschung. So fällt das Warten bis zum Heiligabend nicht ganz so schwer. Vor etwa 150 Jahren erfand der Sohn eines Pfarrers den Adventskalender. Er gründete in München eine Druckerei und brachte 1908 den ersten gedruckten Adventskalender heraus. Die Kinder öffneten mit großer Erwartung jeden Tag ein Fensterchen und erfreuten sich zunächst an Bildern mit einem religiösen Motiv, später an Bildern, die eine Trompete, einen Teddybären oder eine Trommel zeigten. Mittlerweile finden die Kinder statt der Bilder jeden Tag ein Stück Schokolade oder ein kleines Spielzeug.

2. Unterhaltet euch in Partnerarbeit über den Inhalt des Textes. Habt ihr zu Hause auch einen Adventskalender? Welche Überraschungen warten hinter den Türchen?

3. Bastelt gemeinsam einen Adventskalender für das Klassenzimmer. Jedes Kind befüllt ein oder mehrere Türchen mit einem Bild oder einem netten Weihnachtsgruß.

Tipps:
- Ihr könnt 24 Socken oder Säckchen mit Klammern an eine Leine hängen und Ziffern daran befestigen.
- Ihr könnt 24 Streichholzschachteln auf Tonpapier kleben und Ziffern darauf schreiben.

Name: Datum: **KV 2**

Mein Weihnachtskalender-Leporello

1. Schneide das Leporello (- - - - - - - -) aus und klebe die beiden Teile zusammen.
2. Falte es wie eine Zieharmonika (————).
3. Male die Bilder an.

Klebelasche

Zweiter Advent

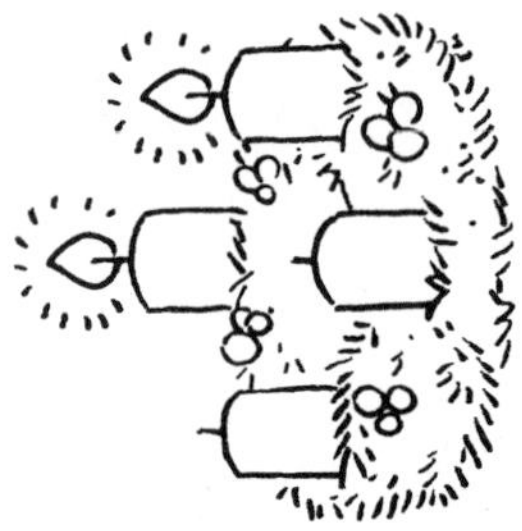

Nikolaustag

Erster Advent

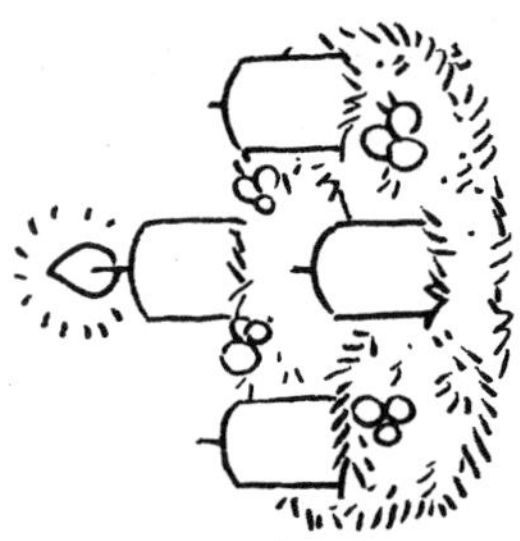

Martinsumzug

Auf dem Weg zum großen Licht

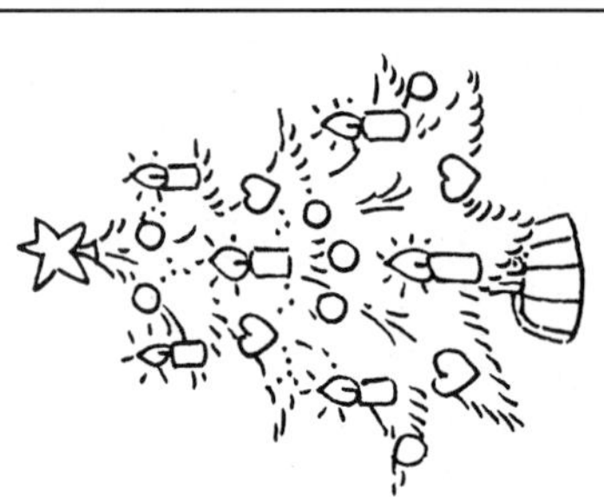

Zweiter Weihnachtstag

Erster Weihnachtstag

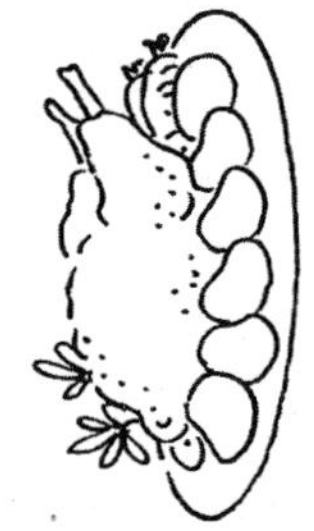

Heiligabend

Vierter Advent

Dritter Advent

Name: Datum: KV 3

Mein Fenster-Adventskranz

1. Lest den Text. Markiert wichtige Informationen.

Der Pfarrer Johann Hinrich Wichern erfand im Jahr 1860 in Hamburg den Adventskranz. Er steckte vierundzwanzig Kerzen in ein Wagenrad und zündete an jedem Tag eine weitere Kerze an. Durch das Kerzenlicht wollte er Waisenkindern eine behagliche Atmosphäre schaffen, ein Gefühl der Geborgenheit vermitteln und mit ihnen gemeinsam die Vorweihnachtszeit auf besondere Weise erleben. Anhand der noch unberührten Kerzen konnten die Kinder erkennen, wie lange es noch bis zum Fest ist. Heute wird der Adventskranz aus Tannengrün geflochten und hat vier Kerzen, für jeden Adventssonntag eine. Der Kranz und auch das Grün sind ein Symbol der Vorbereitung und Hoffnung. Die vier Kerzen verweisen auf die Zeit, die immer näherkommt. Durch das Anzünden einer weiteren Kerze wird es immer heller, bis schließlich an Weihnachten Jesus geboren wird und das Licht in die Welt bringt.

2. Unterhaltet euch in Partnerarbeit über den Inhalt des Textes. Habt ihr zu Hause auch einen Adventskranz?

3. Schneide das Bild aus. Male es mit Filzstiften farbig aus. Nimm nun etwas Speiseöl und streiche das Bild mit dem Pinsel ein. Lasse das Bild trocknen. Nun erscheint das Bild transparent. Klebe es an das Fenster.

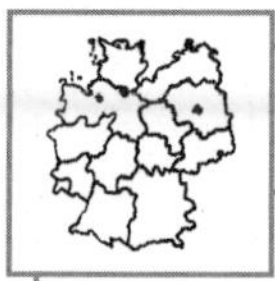

Name: Datum: KV 4

Stilleübung Adventskranz

1. Bildet einen großen Stuhlkreis und legt in der Mitte mit den Tannenzweigen einen großen Kreis. Der Kreis ist der Adventskranz.

2. Vier Kinder stellen jeweils eine dicke Kerze in gleichmäßigen Abständen auf den Tannenzweige-Kreis und entzünden die Lichter.

3. Einige Kinder erhalten Kärtchen mit Informationen zum Adventskranz. Sie lesen reihum ihr Kärtchen vor.

4. Nehmt nun je ein Teelicht in die Hand, entzündet es an einer der vier Kerzen, stellt es in ein leeres Glas, lauft langsam einmal um den Tannenzweige-Kreis herum und bringt das Licht einem anderen Kind.

Den Brauch des Adventskranzes gibt es schon fast 200 Jahre.

Den ersten Adventskranz baute der Theologe Johann Heinrich Wichern aus einem alten Wagenrad.

Der Adventskranz ist wie ein Kalender. Er kündigt die vier Adventssonntage an und bereitet auf Weihnachten vor.

Die Kerzen des Adventskranzes stehen für das Licht, das Jesus durch seine Geburt in die Welt gebracht hat.

Das Grün der Tannenzweige des Kranzes steht für Hoffnung, die wir Menschen durch Jesu Geburt haben dürfen.

Der runde Kreis des Adventskranzes steht für das ewige Leben, das uns Jesus geschenkt hat.

Komplimente-Wichteln im Klassenzimmer

1. Lest den Text.

Weihnachten ist auch eine Zeit des gegenseitigen Schenkens. In Deutschland bekommen die Kinder an Heiligabend ihre Geschenke – entweder vom Weihnachtsmann oder vom Christkind. Dabei geht es nicht darum, möglichst viel zu bekommen, sondern vor allem darum, den Menschen um uns herum eine Freude zu machen. Weihnachten ist das sogenannte Fest der Liebe. Deshalb ist es in dieser Zeit besonders wichtig, dass wir freundlich zu unseren Mitmenschen sind.

2. Tauscht euch in Partnerarbeit aus:
   Wem habt ihr in letzter Zeit eine große Freude gemacht?
   Vielleicht habt ihr jemandem bei etwas geholfen oder etwas Nettes gesagt?

3. Veranstaltet ein Klassenwichteln.
   Lost zuerst aus, welchen Klassenkameraden ihr beschenken dürft. Der gezogene Name ist geheim.

4. Schneidet den Zettel aus und schreibt darauf eine liebe Botschaft für das Kind, das ihr gezogen habt.

Tipps:
- Du kannst für das Kind ein Gedicht schreiben.
- Du kannst dem Kind schreiben, was dir an ihm gefällt.
- Du kannst aufzählen, warum du das Kind magst: „Ich mag dich, weil …“.
- Du kannst die Eigenschaften des Kindes sehr freundlich beschreiben.
- Du kannst aufschreiben, warum das Kind für die Klasse wichtig ist.

Name: Datum: **KV 6**

Mein Wunschzettel

Bestimmt weißt du schon ganz genau, was du dir zu Weihnachten wünscht.
Vielleicht hast du sogar schon einen Wunschzettel geschrieben. Gerade an Weihnachten sollten wir aber vor allem auch an andere Menschen denken.

1. Was wünschst du dir für deine Familie, Freunde oder auch Haustiere? Überlege dir Wünsche, die man sich nicht mit Geld kaufen kann (z. B. Gesundheit, Glück, Zufriedenheit, ...).

Eltern

____

____

____

____

Bruder/Schwester

____

____

____

____

Großeltern

____

____

____

____

bester Freund/beste Freundin

____

____

____

____

Haustier

____

____

____

____

____

____

____

____

____

2. Schneide die Wunschzettel aus und lege sie zu deinem eigenen Wunschzettel dazu.

Edelgard Moers: Weihnachten in Deutschland, Europa und der Welt

Name: Datum: ☆ **KV 7**

Unser weihnachtliches Rezeptbuch

Weihnachten ist auch bekannt für seine leckeren Plätzchen, Lebkuchen und Gebäcke. Je nachdem, wo du wohnst, gibt es ganz unterschiedliche Traditionen.

1. Lest gemeinsam in der Gruppe den Text zu einer bekannten Weihnachtsleckerei.
   Markiert wichtige Informationen und sprecht euch innerhalb der Gruppe ab.

2. Stellt eure Weihnachtsleckerei der Klasse vor.

3. Unterhaltet euch in der Klasse: Kennt ihr diese Weihnachtsleckereien? Welche Weihnachtsplätzchen sind bei euch zu Hause beliebt?

4. Fragt eure Eltern oder Großeltern nach dem Rezept für eure liebste Weihnachtsleckerei.
   Tragt das Rezept ein und schneidet den Rahmen aus.

5. Erstellt gemeinsam ein Weihnachtsrezeptbuch.

Christstollen

Der Christstollen wurde schon vor mehr als 700 Jahren gebacken. Bischof Heinrich I. von Naumburg an der Saale gab den Bäckern in dem Ort das Vorrecht, aber unter einer Bedingung: Für sich und seine Nachfolger forderte er zwei große Stollen, die jedes Jahr zu Weihnachten geliefert werden mussten. Das zeigt, wie beliebt der Stollen schon im Mittelalter war. Der Stollen stammt aber sicherlich schon aus heidnischer Vorzeit, wie der Name verrät. „Stulno“ war einst eine der höchsten Gottheit geweihte Säule. Die Germanen buken an hohen Festtagen, die ihren Göttern geweiht waren, Figuren und aßen sie andächtig auf. Doch diese unchristlichen Bräuche gefielen später den christlichen Missionaren nicht. Sie verboten das Figurenbacken. Doch die Rezepte blieben erhalten, nur die Bedeutung der süßen Teigwaren veränderte sich. Eine Fabel erzählt, dass der lang gestreckte, mit weißem Puderzucker bestreute Stollen ein Symbol für das in Windeln gewickelte Christkind sein soll. Der berühmteste Stollen stammt aus Dresden. Seit dem 15. Jahrhundert wird er dort als „christbrot uff wynachten“ auf dem Weihnachtsmarkt verkauft. Heute essen die Menschen in vielen Ländern auf der ganzen Welt zur Weihnachtszeit Christstollen.

Nüsse und Mandeln

Nüsse und Mandeln sind Sinnbild des Wortes Gottes. In einer hölzernen Schale liegt ein süßer Kern verborgen. Der Mensch soll lernen, durch die Schale zu dringen, um dann den Kern genießen zu können. So ist es auch mit den Worten Gottes.
Mandeln und Nüsse bereichern das Weihnachtsgebäck und sind auch besondere Zutaten dafür. Die Nuss wird auch als Sinnbild für den Menschen gesehen. Außen ist die grüne Hülle als Fleisch, darunter ist die Schale als Knochen und innen ist der süße Kern, die Seele. Das Süße verbirgt sich hinter einer harten Schale.

Lebkuchen

Das Wort „leb“ stammt aus dem Althochdeutschen und bedeutet „Heil- und Arzneimittel“. In den Klöstern legten Mönche und Nonnen viele Jahrhunderte hindurch besondere Gärten für Arzneimittel an. Sie rührten die hier gezüchteten Pflanzen oder daraus gewonnene Säfte als Medizin an. Sie stellten aber keine Tabletten daraus her, sondern verarbeiteten die Heilkräuter oder Heilsäfte zu kleinem Gebäck. Zur Weihnachtszeit begannen sie aus besonders wohlschmeckenden Kräutern und Säften ein solches Heilgebäck, also Lebkuchen, herzustellen. Sie verteilten die sehr beliebten Lebkuchen zu Weihnachten in den Klöstern. Diese Küchlein sollten deutlich machen, dass das Weihnachtsgeschehen der ganzen Welt Gesundheit schenkt.

Honigkuchen

Die Legende vom ersten Weihnachtsgebäck wurde über viele Generationen immer weitererzählt: *Als die Hirten auf dem Felde den Stern von Bethlehem sahen, machten sie sich schnell auf den Weg zur Krippe. Vor Freude vergaßen sie, dass sie Brot im Backofen hatten. Erst auf dem Rückweg erinnerten sie sich daran. Sie erwarteten, dass es völlig verbrannt sei. Als sie aber den Backofen öffneten, da strömte ihnen ein außergewöhnlich süßer Duft entgegen. Vorsichtig probierten sie den völlig schwarz gewordenen Teig. Statt des verkohlten Brotes hielten sie ein bisher unbekanntes liebliches Gebäck in den Händen. Davon gaben sie allen Verwandten und Freunden eine Kostprobe. Weil sie vielen Menschen damit eine Freude machen wollten, brachen sie das Gebäck in viele kleine Stückchen. Zur Erinnerung an dieses Wunder begannen sie jedes Jahr zur Weihnachtszeit kleine würzige Honigkuchen zu backen, außen dunkel und unansehnlich wie der Stall, aber innen voller Süße wie das dortige Geschehen.*

Stutenkerl

Der Stutenkerl wird oft am Nikolaustag den Kindern in den Nikolausstiefel gesteckt oder daneben gestellt. Er kann aus einem einfachen Hefeteig gebacken werden. Rosinen und auch abgezogene Mandeln bilden Augen und Knöpfe. Meist wird dem Stutenkerl eine weiße Tonpfeife in den Mund gesteckt, die auf dem Körper aufliegt und in den Hefeteig eingebacken wird. Doch die Tonpfeife ist ein Irrtum. Dreht man die Tonpfeife mit dem Kopf nach oben, ist der Bischofsstab erkennbar. Der Stutenkerl kann auch aus Mürbeteig gebacken werden. Er muss frisch gegessen werden, sonst wird er trocken. Die Bezeichnungen Printenmann, Stutenkerl oder Weckmann bezeichnen die Teigart und die Form des Gebäcks.

Spekulatius

Der Nikolaustag am 6. Dezember ist für die Kinder der Höhepunkt der Adventszeit. Früher wurde der Bischof auch Spekulatius genannt, das bedeutet Aufseher. Ihm zu Ehren wird heute noch Spekulatius gebacken. In dem Gebäck wird die Geschichte des Heiligen Mannes erzählt: *Nikolaus war vor 1600 Jahren Bischof in der Stadt Myra in Kleinasien. Einmal herrschte dort eine große Hungersnot. Jeden Tag kamen die Not leidenden Menschen zu Bischof Nikolaus und baten ihn um Brot. Er gab ihnen alles, was er hatte. Doch bald sah er keinen Ausweg mehr. Er ging zur Kirche, warf sich vor dem Altar nieder und betete. Auf einmal rief jemand von draußen in die Kirche: „Schiffe! Schiffe!“ Tatsächlich kamen drei Schiffe mit Korn beladen auf sie zu. Doch als die Schiffe im Hafen anlegten, erklärte der Kapitän: „Ich muss das Korn nach Alexandria bringen. Es ist genau abgewogen. Ich darf nichts davon abgeben.“ Nikolaus flehte den Kapitän an: „Schau dir die abgemagerten und vom Hunger gezeichneten Menschen an. Sie müssen sterben, wenn sie nicht bald Lebensmittel bekommen.“ Der Kapitän hatte Mitleid und sprach: „Diese Menschen brauchen es nötiger als mein Auftraggeber.“ Er übergab Nikolaus drei Säcke mit Korn. Das reichte, um für alle Brot zu backen und neues Korn auszusäen. Als der Kapitän mit seinen Schiffen in Alexandria ankam, fehlte von seiner Ladung kein Körnchen.*

Name: Datum: KV 8

Woher kommt der Weihnachtsbaum?

1. Lest den Text. Markiert wichtige Informationen.

Die Menschen in Deutschland stellen zu Weihnachten einen Nadelbaum auf und schmücken ihn. Aber warum? Woher kommt dieser Brauch?
Dieser typisch deutsche Brauch ist schon älter als das Christentum. Die Germanen holten in den sogenannten Raunächten vom 25. Dezember bis 6. Januar grüne Zweige ins Haus. Das Tannengrün war ein Zeichen für neue Lebenskraft, Unsterblichkeit und Fruchtbarkeit und sollte böse Dämonen und Krankheiten vertreiben. Die Germanen hatten nämlich Angst davor, dass in der kalten Winterzeit Geister ihr Unwesen trieben und die Menschen krank machten. Sie glaubten fest an die Zauberkraft der immergrünen Zweige. Die Menschen hängten diese Zweige an die Zimmerdecken, stellten sie in die Ecken oder befestigten sie über den Türeingang.
Auch als die Menschen Christen wurden und sich von ihrem Geisterglauben abwandten, verzichteten sie nicht auf die Tannenzweige im Winter. Sie schmückten damit in der Zeit von Anfang Dezember bis zum Dreikönigstag die Eingänge von Häusern, Kirchen und Gasthöfen. Die oft zu Girlanden gebundenen Zweige sollten Lebenskraft bewahren, Glück bringen und Gefahren fernhalten. Das unveränderliche Grün war aber auch das Zeichen dafür, dass Jesus als Sohn Gottes immer lebendig bleiben sollte bis in alle Ewigkeit.

Im Mittelalter stellten Handwerkerfamilien zu Weihnachten einen ganzen Tannenbaum in die Stube. Sie schmückten ihn mit selbst gebackenen Süßigkeiten, Äpfeln und Nüssen. Nach den Feiertagen durften die Kinder den Baum abschütteln und die Leckereien essen.
Bei den einfachen Leuten war der Tannenbaum lange Zeit noch nicht mit Kerzen geschmückt, denn diese waren sehr teuer und für die niedrigen Zimmerdecken aus Holz gefährlich. Die Kirche lehnte den Tannenbaum lange Zeit als heidnischen Brauch ab. Doch die Menschen setzten einen Engel oder einen Stern auf die Spitze und schmückten ihn mit weiteren christlichen Symbolen. Der Weihnachtsbaum wurde schließlich zum Mittelpunkt des Festes und symbolisiert einen Neubeginn durch die Geburt Jesu. Die Lichter stehen für das in Bethlehem geborene „Licht der Welt".

2. Unterhaltet euch in Partnerarbeit über den Inhalt des Textes.
Habt ihr auch einen Weihnachtsbaum zu Hause?
Wann wird er aufgestellt? Wie wird er geschmückt?

3. Malt ein Bild von eurem Weihnachtsbaum zu Hause.

4. Erzählt aus der Sicht eines Tannenbaums ein Erlebnis.
Schreibt es als Geschichte oder Gedicht auf.

Name: Datum: **KV 9**

Weihnachtsbaum-Rap

1. Lest den Text. Sprecht ihn rhythmisch.

Text: Edelgard Moers

Refrain:
Weihnachtszeit, Weihnachtszeit,
ja, ich bin dafür bereit.
Weihnachtszeit, Weihnachtszeit,
ja, ich bin dafür bereit.

Das Weihnachtsfest ist wieder da.
Ich freue mich wie jedes Jahr.
Zu Hause in dem großen Raum
da steht er schon, der Tannenbaum.

Ich klemme dünne Kerzen an
und hänge dicke Kugeln dran.
Mit Sternen schmücke ich ihn auch.
das ist ein wunderbarer Brauch.

Die Kerzen mach ich an, ganz sacht.
Da leuchtet er in voller Pracht.
Ich bin berührt vom Lichtermeer
und schaue glücklich hin und her.

Refrain:
Weihnachtszeit, Weihnachtszeit,
ja, ich bin dafür bereit.
Weihnachtszeit, Weihnachtszeit,
ja, ich bin dafür bereit.

2. Macht Bewegungen dazu.

3. Erfindet weitere Strophen.

Name: Datum: KV 10

Unser Weihnachtsbaum-Rollenspiel

1. Lest den Text. Markiert wichtige Informationen.
2. Unterhaltet euch in Partnerarbeit über den Inhalt des Textes.
   Wie ist euer Weihnachtsbaum zu Hause geschmückt? Kennt ihr das Symbol?
3. Malt die Vorlage an. Schneidet sie aus. Bringt eine Schnur zum Aufhängen an.
4. Verteilt die Rollen für euer Weihnachtsbaum-Rollenspiel:
   Ein Kind liest den Text vor.
   Die anderen Kinder bringen die Vorlagen am Baum an.

Stern

Sterne als Lichter am dunklen Nachthimmel sind Symbole für das Licht, das die Finsternis durchdringt. Deshalb sollen Sterne am Weihnachtsbaum an den Weihnachtsstern über dem Stall von Bethlehem erinnern, der das Licht in die Welt bringt und Hoffnung auf Frieden verbreitet. Mit dem Licht ist Jesus gemeint, der den Menschen Hoffnung und Erlösung bringt. Von allen Himmelskörpern üben Sterne auf Menschen eine große Faszination aus. Lieder wie „Stern über Bethlehem", „Heut ist ein Sternlein vom Himmel gefallen" oder „Ein heller Stern hat in der Nacht" entstanden im Laufe der Jahre und weisen auf die Bedeutung der Sterne zu Weihnachten hin.

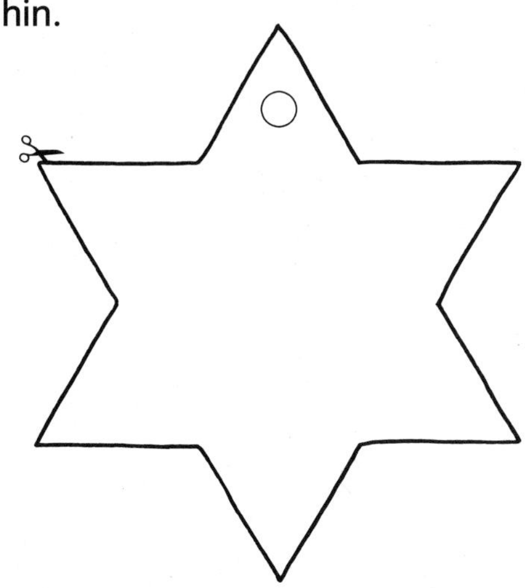

Weihnachtsglöckchen

Das Weihnachtsglöckchen ist das Symbol des Friedens und der Botschaft der Engel. Es läutet die Geburt Jesu und den Heiligen Abend ein. In vielen Gegenden ist es Brauch, mit den Weihnachtsglöckchen zu läuten, um den Zugang zum Weihnachtszimmer, zum geschmückten Weihnachtsbaum und zur Bescherung zu signalisieren. Das Weihnachtsglöckchen wird in Weihnachtsliedern besungen, wie z. B. „Kling Glöckchen" oder „Jingle bells".

Weihnachtsketten

Die Geburt Jesu war für viele Menschen eine Erlösung. Ihnen wurden unsichtbare Ketten abgenommen. Sie fühlten sich nicht mehr unterdrückt. Den bitterarmen Hirten wurde schon lange der Erlöser prophezeit. Als Jesus im Stall geboren wurde, liefen sie zu ihm und verehrten ihn als den angekündigten Retter. Sie wussten, dass sich nun jemand für sie einsetzen würde. Zur Erinnerung schmücken die Menschen den Weihnachtsbaum mit unterschiedlichen Ketten aus Papierringen oder Holzkugeln.

Engel

Früher glaubten die Menschen in Israel, dass Gott durch Boten sprach, die Engel genannt wurden. Der Engel Gabriel brachte Maria die Botschaft, dass sie ein Kind zur Welt bringen wird. Die Engel Michael, Gabriel und Rafael brachten den Hirten die Botschaft von der Geburt Jesu und vom Frieden in der Welt. Sie stellen eine Verbindung zwischen Gott und den Menschen dar. Die Bibel erzählt an vielen Stellen von Engeln, die Gott dienen. Michael, Gabriel, Rafael und Uriel werden als Erzengel bezeichnet. Uriel ist auch als Schutzengel bekannt.

Name: Datum: **KV 11**

Mein Weihnachtsbaum-Lapbook

Erstelle ein Lapbook zum Weihnachtsbaum.

1. Erstelle eine Schablone eines Tannenbaumes:

   Lege zwei Teile grünes Tonpapier übereinander.

   Male einen schönen großen Tannenbaum auf das obere Tonpapier.

   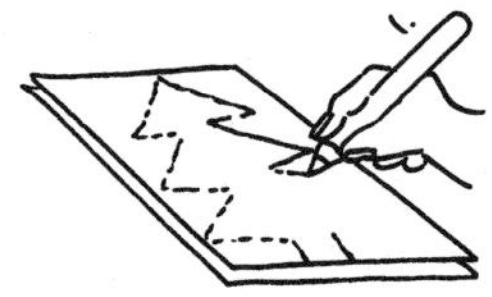

   Schneide beide Tonpapierlagen gemeinsam aus.

   Falte einen der beiden Tannenbäume senkrecht in der Mitte.

   Klebe den gefalteten Weihnachtsbaum am unteren Baum fest.

   Nun kannst du die Mappe aufklappen.

   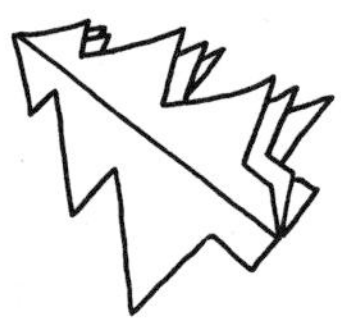

2. Bastle die einzelnen Vorlagen des Lapbooks und klebe sie auf den Tannenbaum.

3. Beschrifte die Vorlagen.

   Tipp: Das könnt ihr zum Beispiel hineinschreiben:

   - **Klappbuch Christbaumkugel:** Womit schmückt ihr zu Hause euren Baum? Welche Farben haben eure Weihnachtskugeln?
   - **Brief:** Was wünschst du dir zu Weihnachten? Stecke deinen Wunschzettel in das Briefkuvert.
   - **Klappbuch Engel:** Dieser Engel könnte dein Schutzengel sein. Schreibe einen schönen Spruch in das Klappbuch, damit er dich und deine Familie beschützt.
   - **Stern:** Der Stern hat eine besondere Bedeutung an Weihnachten. Was weißt du über den Stern von Bethlehem?
   - **Kerzenfächer:** Das Licht hat eine besondere Bedeutung an Weihnachten. Wer ist für dich ein Licht? Für wen möchtest du ein Licht sein?
   - **Klappbuch Geschenk:** Mit welchen Geschenken machst du deiner Familie an Weihnachten eine Freude?

Edelgard Moers: Weihnachten in Deutschland, Europa und der Welt

Klappbuch Christbaumkugel

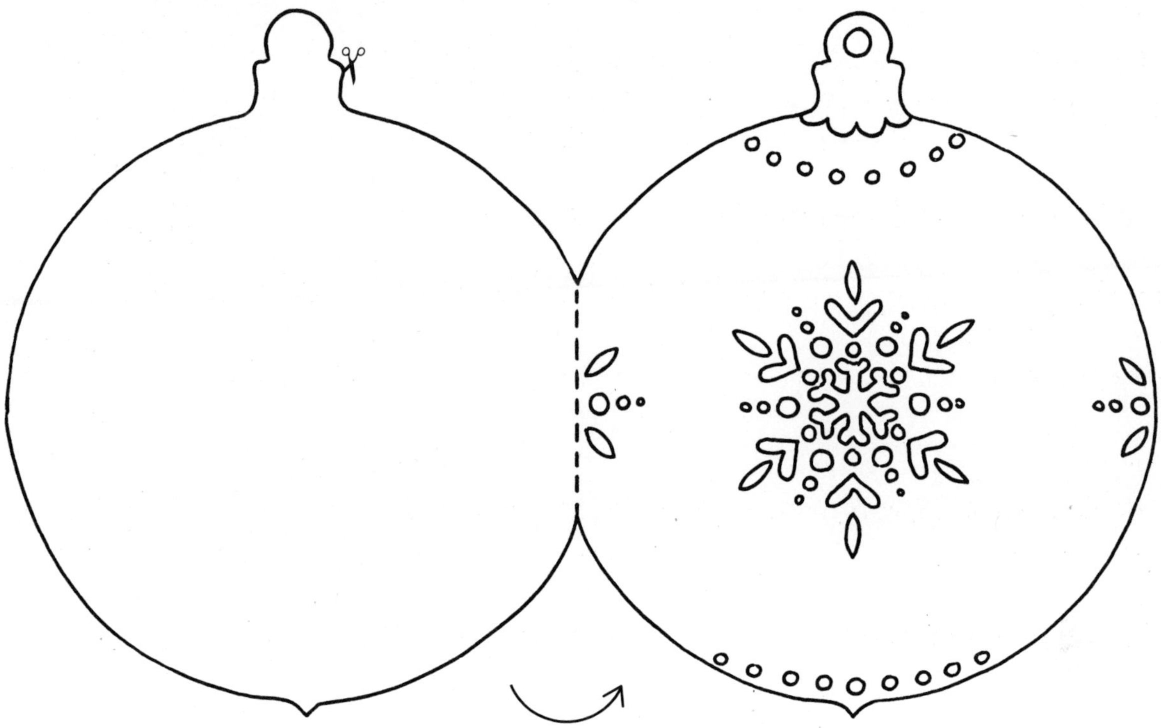

Brief

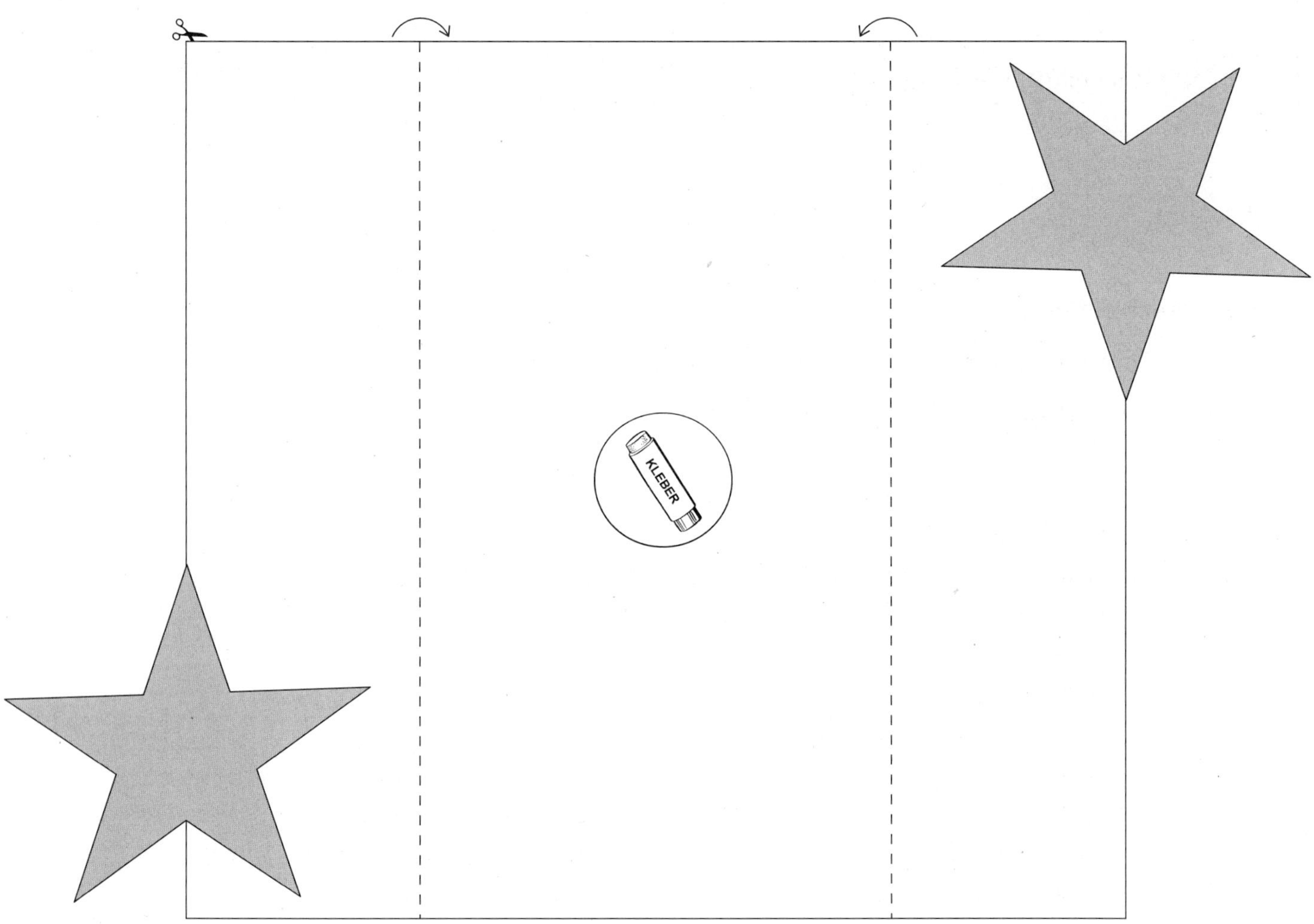

Klappbuch Engel

Stern

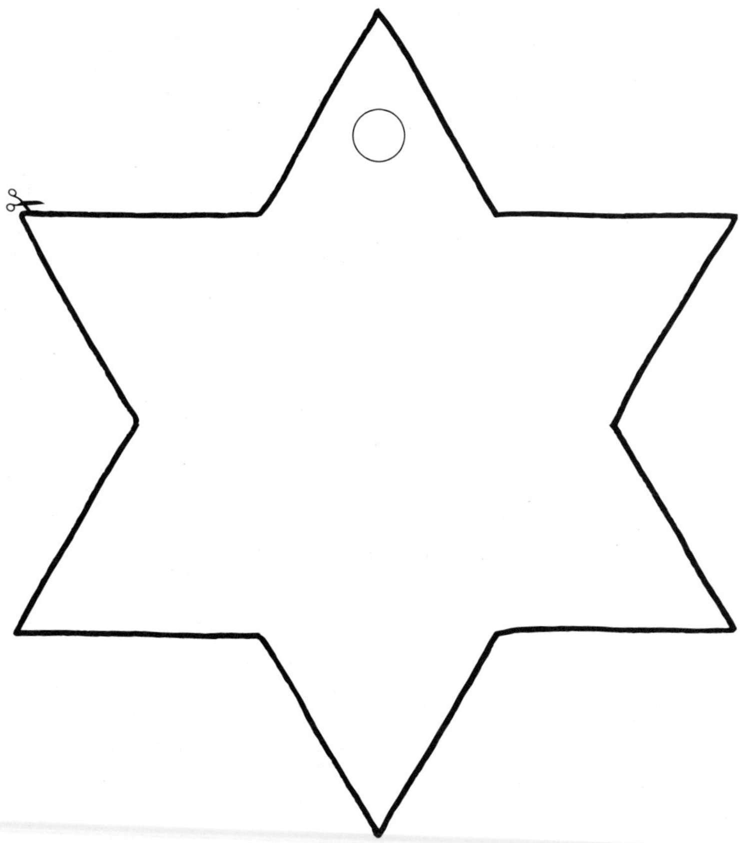

Kerzenfächer

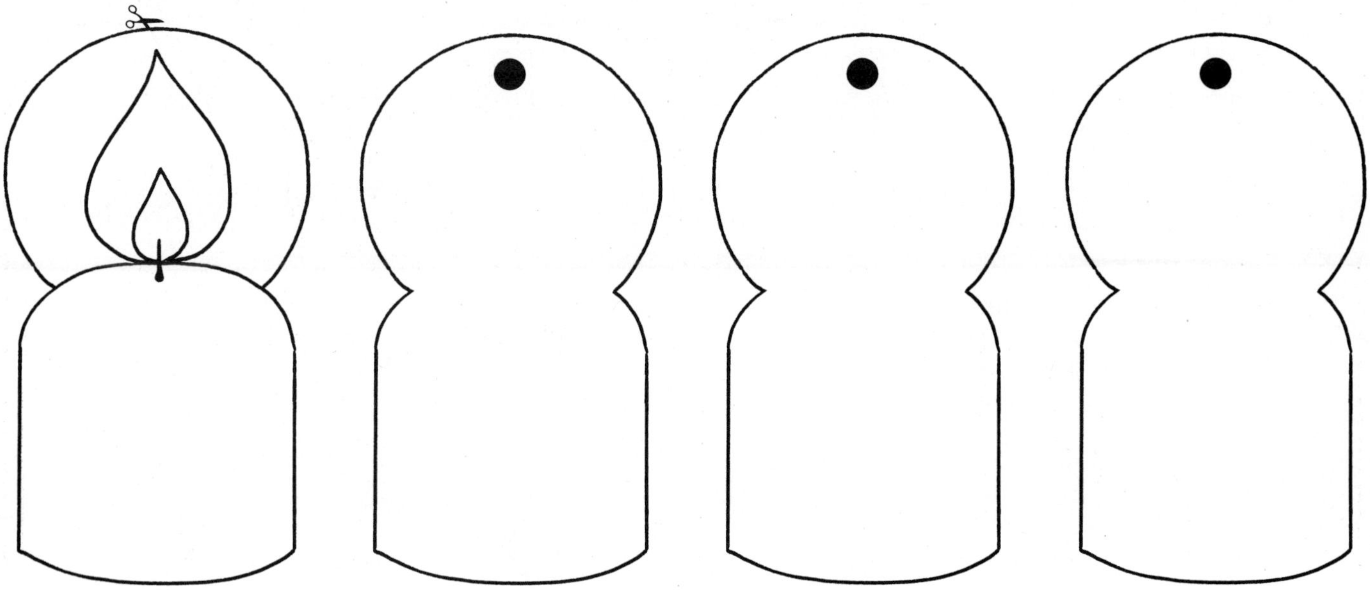

Klappbuch Geschenk

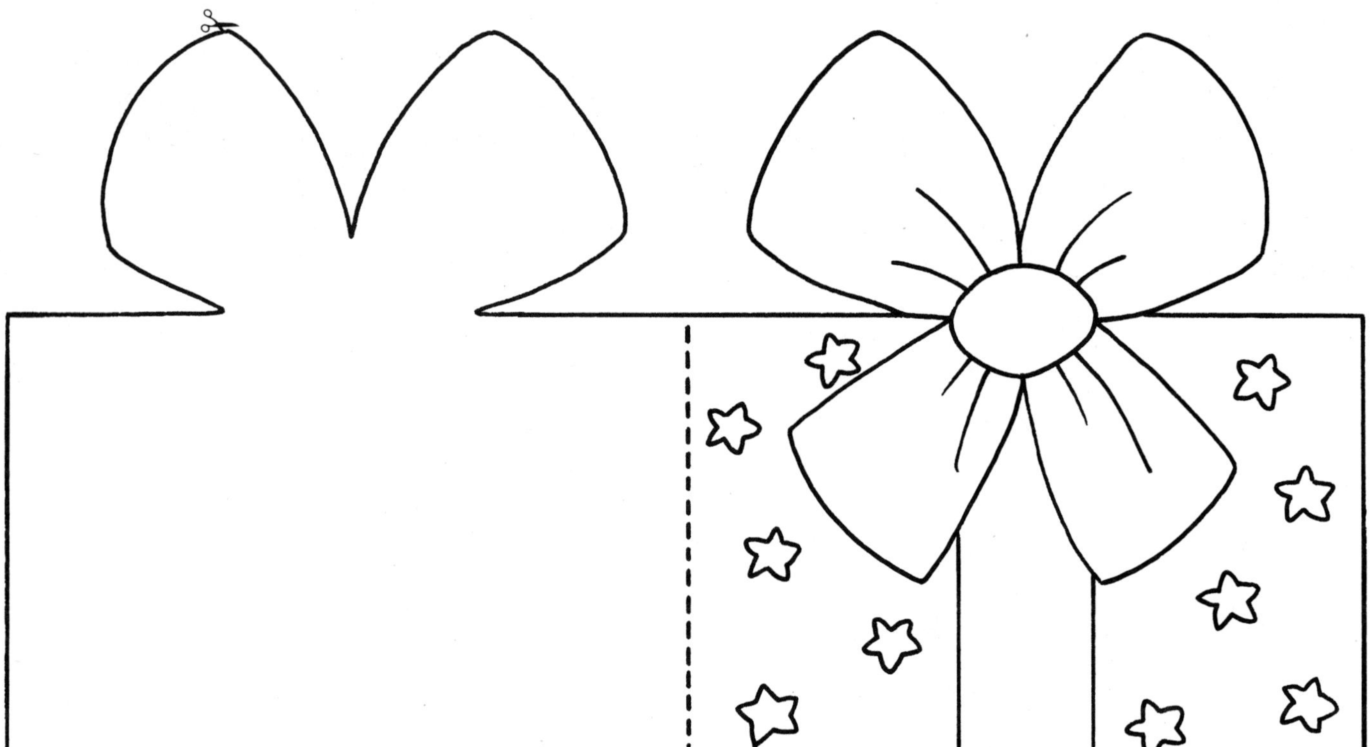

Weihnachtsbaum-Domino

Erstellt ein Domino-Spiel.

1. Schneidet die Streifen aus (--------). Malt sie farbig an.
2. Spielt das Spiel in Partnerarbeit.
   Mischt die Karten verdeckt: Jeder erhält die Hälfte.
   Legt die Karten in der richtigen Reihenfolge aneinander.

Am Weihnachts-baum		Kerzen	
Kugeln		Sterne	
Engel		Nüsse	
Glocken		Geschenke	**Ende**

Name: Datum: **KV 13**

Nikolaus oder Weihnachtsmann?

Nikolaus und Weihnachtsmann: Kennt ihr den Unterschied?

1. Was wisst ihr über den Nikolaus und den Weihnachtsmann? Sprecht darüber. Erzählt von euren Erlebnissen.

2. Seht euch die beiden Bilder an. Ihr seht den Nikolaus und den Weihnachtsmann. Was fällt euch auf. Welche Unterschiede könnt ihr erkennen? Schreibt eure Antworten in Stichworten auf.

3. Erfindet eine Geschichte, in der sich Nikolaus und Weihnachtsmann treffen.

Weihnachtsmann oder Christkind?

1. Lest den Text. Markiert wichtige Informationen.

Je nachdem, wo in Deutschland du wohnst, oder welchen Brauch es in deiner Familie gibt, kommt an Weihnachten entweder der Weihnachtsmann oder das Christkind.
Vom Weihnachtsmann werden eher Kinder in Nord-, Mittel- und Ostdeutschland beschenkt. Außerdem gibt es diese Tradition eher in Regionen mit evangelischem Glauben.
Dargestellt wird er als alter, etwas rundlicher alter Mann mit weißem, langem Bart. Er trägt einen roten Anzug mit weißem Pelz und eine dazu passende Mütze. In einem großen Sack bringt er den Kindern am Heiligen Abend Geschenke mit.

Besuch vom Christkind bekommen vor allem Kinder in Süd- und Westdeutschland. Diese Tradition gibt es außerdem eher in Familien mit katholischem Glauben.
Das Christkind ist ein blondgelocktes Kind mit Flügeln, weißem Kleid und Heiligenschein. An Heiligabend schwebt es durchs Fenster und bringt den Kindern Geschenke.

2. Unterhaltet euch in Partnerarbeit über den Inhalt des Textes.
Wer bringt bei euch an Heiligabend die Geschenke – der Weihnachtsmann oder das Christkind?

3. Was würdest du den Weihnachtsmann oder das Christkind gerne einmal fragen, wenn du ihn/es treffen würdest?

Name: Datum: **KV 15**

Leporello – Der Weg nach Bethlehem

Weiβt du, warum wir Weihnachten feiern? Setze das Leporello zusammen, um zu erfahren, was damals vor über 2000 Jahren passiert ist.

1. Schneide die einzelnen Streifen aus (--------) und klebe sie aneinander. Falte die Felder wie eine Ziehharmonika (————). Male die Bilder farbig aus. Das letzte Feld kannst du in eine Streichholzschachtel kleben.
2. Auf der Streichholzschachtelhülle kannst du ein Deckblatt aufkleben.
3. Sieh dir die Geschichte an und erzähle sie dabei mit deinen Worten.

Der Weg nach Bethlehem		Josef verlieβ Nazareth und ging mit seiner Frau Maria nach Bethlehem, wo er damals zur Welt kam.	*Klebelasche*
	Maria erwartete ihr erstes Kind. Der Weg war mühsam und gefährlich. Josef führte sie sicher durch diese Gegend.		*Klebelasche*
Der Wirt hatte keinen Platz im Gasthaus. Die Zeit der Geburt war nahe und die beiden brauchten ein Quartier.		Der Wirt sah, dass Maria ein Kind erwartete. Er erklärte ihnen den Weg zu einem leeren Stall.	*Klebelasche*
	Im Stall brachte Maria ihren Sohn zur Welt. Sie wickelte ihn in Windeln und legte ihn in die Futterkrippe.		*Klebelasche*
Die Hirten eilten zum Stall. Sie fanden Maria und Josef und das Kind. Ihre Herzen wurden ganz leicht.		Drei weise Männer kamen zum Stall und fanden das Kind in der Krippe. Sie brachten Geschenke mit und beteten.	*Klebelasche*

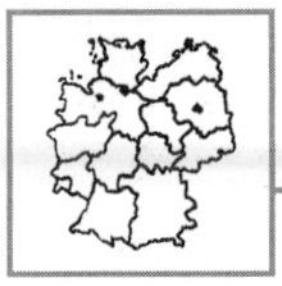

Wir basteln eine Krippe

KV 16

1. Lest den kurzen Text. Markiert wichtige Informationen.

Viele Familien stellen an Weihnachten eine Krippe in der Wohnung auf. Die klassischen Figuren sind neben dem Christkind im Stroh Maria und Josef, die drei Weisen aus dem Morgenland, die Hirten mit ihren Schafen, der Ochse und der Esel.

2. Unterhaltet euch in Partnerarbeit über den Inhalt des Textes.
Steht bei euch zu Hause auch eine Krippe? Wenn ja, wie sieht sie aus?

3. Bastelt selbst eine Krippe. Nehmt einen Schuhkarton. Stellt den Schuhkarton auf eine lange Seitenwand, sodass die offene Seite zu euch zeigt. Klebt darunter umgekehrt den Deckel fest. Das soll der Stall sein. Ihr könnt das Innere des Stalls mit Stroh bekleben. Oben könnt ihr einen Stern ankleben. Schneidet nun die Krippefiguren aus. Malt sie farbig aus. Klebt sie auf eine Klopapierrolle. Bastle zuletzt die Krippe für das Jesuskind und lege die Vorlage hinein.

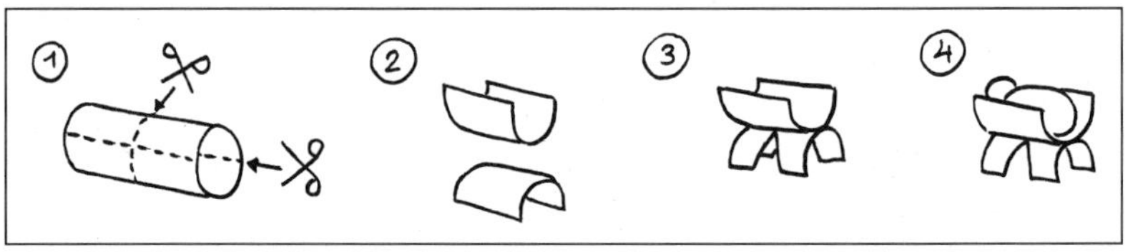

1

2

3

4

5

6

Name: Datum: **KV 18**

Wimmelbild Weihnachtsfest

1. Seht euch das Wimmelbild in Partnerarbeit an. Erzählt, was ihr seht.
2. Vergleicht das Geschehen auf dem Bild mit dem Weihnachtsfest, wie ihr es feiert. Erzählt von euren Erlebnissen.
3. Schreibt eine Geschichte oder ein Gedicht zu einer Situation auf dem Bild.

START
IN DEN ADVENT
1
2
3
4
5
6
7
8
9
10
11
12
13
14
15
16
17
18
19
20
21
22
23
24
ZIEL
ENDLICH WEIHNACHTEN

Weihnachtsbrettspiel

Wie feierst du Weihnachten?	Was ist dein größter Weihnachtswunsch?	Womit schmückt ihr euren Tannenbaum?	Was esst ihr an Weihnachten?
Welche Bedeutung hat das Weihnachts-glöckchen?	Welche Bedeutung hat das Weihnachtssymbol des Sterns?	Welche Bedeutung hat das Weihnachtssymbol des Engels?	Welche Bedeutung hat das Symbol der Weihnachtsketten?
Was ist der Unterschied zwischen Nikolaus und Weihnachtsmann?	Wer bringt bei euch zu Hause die Geschenke? Weihnachtsmann oder Christkind?	Was ist deine liebste Weihnachtssüßigkeit?	Was ist dein Lieblings-Weihnachtslied?
Gehst du an Weihnachten in die Kirche?	Hast du schon einmal bei einem Krippenspiel mitgemacht?	Stellt ihr zu Hause eine Krippe auf?	An welchem Tag ist Heiligabend?
Warum feiern wir Weihnachten?	Wann wurde der Adventskalender erfunden?	Warum gibt es den Adventskranz?	Woher kommt der Brauch des Weihnachtsbaums?

Mein Weihnachtsgedicht

1. Schreibe ein Gedicht über Weihnachten, indem du der Reihe nach in kurzen Sätzen die Fragen beantwortest:
Welche Farbe hat Weihnachten? Wonach schmeckt Weihnachten? Wie riecht Weihnachten? Wie sieht Weihnachten aus? Wie hört sich Weihnachten an? Was denkst du sonst noch über Weihnachten?

Beispiel:

Weihnachten
Weihnachten ist rot.
Weihnachten schmeckt nach Zimt.
Weihnachten riecht wie Tannennadeln.
Weihnachten sieht aus wie ein Knusperhäuschen aus Zucker.
Weihnachten hört sich an wie knirschende Schritte im Schnee.
Ich mag Weihnachten sehr.

Weihnachten

Weihnachten ist ______________________________.

Weihnachten schmeckt nach ______________________________.

Weihnachten riecht wie ______________________________.

Weihnachten sieht aus wie ______________________________.

Weihnachten hört sich an wie ______________________________.

______________________________.

2. Schneide dein Gedicht aus.

3. Trage dein Gedicht deinen Klassenkameraden oder deiner Familie vor.

Name: Datum: **KV 21**

Weihnachtsumfrage

1. Macht eine geheime Umfrage in eurer Klasse, in eurer Schule oder auch bei den Lehrerinnen und Lehrern.

2. Wertet die Umfrage aus.

   Tipp: Schreibt euch die Zahl der Befragten auf.
   Von dieser Zahl aus könnt ihr z. B. Antworten notieren, wie z. B. „Von 75 Personen gehen 41 zu Weihnachten in die Kirche."

3. Präsentiert die Umfrage.

   Tipp: Ihr könnt z. B. ein Säulendiagramm erstellen.

Gehst du zu Weihnachten in die Kirche? ☐ Ja ☐ Nein

Wer ist dein Geschenkebringer? ______________________ .

Womit schmückst du deinen Tannenbaum? ________________ .

Um wie viel Uhr gibt es bei dir die Bescherung? ____________ .

Was isst du am Heiligen Abend? ______________________ .

Was isst du an den beiden Weihnachtstagen?

____ .

Inhalte des Kapitels

Im Kapitel „Weihnachten in Europa“ lernen die Kinder Weihnachtsbräuche anderer europäischer Länder kennen.
Ausgangslage dafür bilden kurze Texte, in denen Kinder anderer europäischer Länder von ihrem Weihnachtsfest erzählen. Die Kinder (oder Sie als Lehrer) können dabei selbst entscheiden, welche Länder sie gerne genauer behandeln möchten.
Zu jedem Land gibt es noch ein vertiefendes Arbeitsblatt, das nach dem Lesen des Textes bearbeitet werden kann. Die Aufgabe 1 ist dabei zur Wiederholung der Textinhalte gedacht. Bei Aufgabe 2 handelt es sich jeweils um eine vertiefende Kreativaufgabe.
Insgesamt sind die Arbeitsblätter der Einheit „Weihnachten in Europa“ sehr spielerisch angelegt. Beim Lösen eines Weihnachtsquiz, Basteln eines Minibuches oder Spielen eines Quartetts eignen sich die Kinder mit sehr viel Spaß Wissen über Weihnachtstraditionen, -grüße, typische Speisen und Rituale sowie verschiedene Geschenkebringer wie Hexe Befana oder Väterchen Frost an.

Übersicht Arbeitsblätter

KV	Name	Hinweise/Material
1	Kinder aus ganz Europa	Die Kinder können in Gruppen- oder Partnerarbeit zusammenarbeiten. Jeder erhält das Arbeitsblatt mit dem Steckbrief und einen ausgewählten Text. Dabei können Sie entscheiden, ob jede Gruppe/jedes Paar an einem anderen Land arbeiten soll, oder ob Sie sich auf eines oder einige wenige Länder spezialisieren wollen. Das Lesen der Texte ist die Basis für die Bearbeitung der nachfolgenden Arbeitsblätter zu den einzelnen Ländern.
2	Weihnachten in Italien	Lösung Aufgabe 1: • 6. Januar • Kohle (schwarz gefärbte Zuckermasse) • Panettone (süßer Kuchen mit Rosinen) Für die Aufgabe 2 benötigen die Kinder Buntstifte, eine Schere, eventuell eine Schnur, Stoffstücke und kleine Reisigzweige.
3	Weihnachten in Spanien	Lösung Aufgabe 1: • fröhliches • Turron • Abendessen • 5. Januar • Heilige Drei Könige • Lösungswort: Feliz Navidad

KV	Name	Hinweise/Material
4	Weihnachten in Frankreich	Lösung Aufgabe 1: Folgendes essen die Franzosen nicht: Käfer, Larven, Wiener mit Kartoffelsalat Das Lied „Wann kommst du Weihnachtsmann" von Rolf Zuckowski (inklusive Text) für Aufgabe 2 können Sie über YouTube abrufen.
5	Weihnachten in den Niederlanden	Lösung Aufgabe 1: • 5. Dezember • Sinterklaas • Wasser, Mohrrüben und Heu Für die Aufgabe 2 benötigen die Kinder Buntstifte.
6	Weihnachten in England	Lösung Aufgabe 1: • An Weihnachten tragen wir auf unseren Köpfen bunte Papierhüte. • Wenn sich zwei Menschen unter einem Mistelzweig treffen, müssen sie sich küssen. • Father Christmas rutscht nachts durch den Kamin und bringt uns Geschenke. • Am Kamin hängen wir am Abend des 24. Dezembers Strümpfe auf. • Zur Stärkung legen wir für Father Christmas Milch und Kekse bereit. Für die Aufgabe 2 benötigen die Kinder Scheren und eventuell Buntstifte.
7	Weihnachten in Schweden	Lösung Aufgabe 1: • Julfest • Lucia-Tag (13. Dezember) • Jultomte • God Jul Für die Aufgabe 2 benötigen die Kinder Scheren, Kleber und Buntstifte. Die Vorlage der Lucia-Krone (evtl. vergrößert) sollte auf festeres Papier kopiert werden.
8	Weihnachten in Griechenland	Lösung Aufgabe 1: • 31. Dezember • Santa Basil • Schornsteine • Betten • Kourambiedes

KV	Name	Hinweise/Material
9	Weihnachten in Russland	Lösung Aufgabe 1: • Januar • Neujahr • Eisfiguren • Väterchen Frost • Schneeflöckchen
10	Weihnachtsquiz – Länder vergleichen	Die Kinder benötigen eine Schere und eventuell kleine Zettel zum Notieren eigener Fragen.
11	Minibuch Geschenkebringer	Die Kinder benötigen eine Schere, Kleber und Buntstifte.
12	Weihnachtsgrüße und Landesflaggen	Die Kinder benötigen Buntstifte, Wasserfarben, Pinsel, Holzstäbchen (Schaschlikspieße) und Kleber.
13	Quartett – Weihnachten in Europa	Die Kinder benötigen eine Schere. Tipp: Für eine längere Haltbarkeit die Karten laminieren.
14	… ist krank!	Tipp: Die Kinder sollten für diese Aufgabe alle bisher bearbeiteten Arbeitsblätter als Hilfestellung nutzen dürfen.

Weiterführender Einsatz der Arbeitsblätter

Die Arbeitsblätter können direkt kopiert und ohne Aufwand eingesetzt werden. Wie intensiv Sie danach an den Themen weiterarbeiten möchten, können Sie je nach vorhandener Zeit selbst entscheiden. Die Arbeitsblätter, Spiele und Bastelvorlagen bieten die Ausgangslage für viele weitere kreative Ideen:

- Weihnachtsausstellung zu Weihnachten in anderen Ländern oder zu Geschenkebringern in anderen Ländern planen
- typische Weihnachtslieder anderer europäischer Lieder singen oder ein Liederbuch dazu entwerfen
- Rezeptebuch zu typisch europäischen Weihnachtsleckereien gestalten
- Weihnachtsfeier mit dem Motto „Weihnachten hier und anderswo“ organisieren

Kinder aus ganz Europa

Weihnachten in ______________________________

Land: ______________________________

Wann ist Weihnachten: ______________________________

Geschenkebringer: ______________________________

Ablauf: ______________________________

____

____

____

Besondere Tradition:

____

____

____

Unterschiede zu Weihnachten in Deutschland:

____

____

____

1. Lest den Text. Markiert wichtige Informationen.
2. Unterhaltet euch über den Inhalt des Textes. Wie feiert das Kind Weihnachten? Was ist ähnlich, was ist ganz anders wie dein Weihnachtsfest zu Hause?
3. Füllt den Steckbrief aus.
4. Stellt euer Land in der Klasse vor.

Buon Natale!

Mein Name ist Antonio und ich komme aus Italien. Schon am 6. Dezember fangen wir an, alles festlich zu dekorieren, damit wir so richtig in Weihnachtsstimmung kommen. Auch den Weihnachtsbaum stellen wir schon sehr früh auf und schmücken ihn mit Kugeln und Lichterketten. Am wichtigsten ist aber die Krippe. Sie besteht aus wertvollen, handgeschnitzten Figuren. An Weihnachten sind bei uns die Familie und leckeres Essen das Wichtigste. In der Nacht vom 24. auf 25. Dezember gehen wir gemeinsam in die Kirche. Am Weihnachtstag treffen wir uns zu einem großen Festmahl mit mehreren Gängen. Zum Nachtisch gibt es einen süßen Kuchen mit Rosinen. Man nennt ihn „Panettone".
Am Abend des 5. Januars hängen wir Strümpfe an den Kamin oder stellen Schuhe auf. Am nächsten Morgen kommt nämlich die gute Hexe Befana durch den Kamin und füllt die Schuhe und Strümpfe der braven Kinder mit Süßigkeiten. Böse Kinder bekommen nur Kohle, eine schwarz gefärbte Zuckermasse. Angeblich ist Befana die Frau des Weihnachtsmanns.

Feliz Navidad!

Mein Name ist Carmen und ich komme aus Spanien. Weihnachten ist bei uns ein lärmendes fröhliches Fest. Am Weihnachtsabend versammelt sich die ganze Famile zu einem großen Abendessen. Dann gibt es mein Lieblingsessen „Turron". Das ist eine Leckerei, die aus gerösteten Mandeln, Honig und Eiern gemacht wird. Danach gibt es ein großes Feuerwerk. Wir essen, trinken und tanzen die ganze Nacht und machen mit Pauken und Tambourin viel Krach.
Die große Bescherung findet für uns Kinder erst am Abend des 5. Januars statt. Die Heiligen Drei Könige besuchen uns an diesem Tag und bringen uns Geschenke mit.
Den Christbaum kennen wir erst seit wenigen Jahren. Für viele Familien ist er zu teuer, denn Tannen wachsen nur im hohen Gebirge.

Joyeux Noël!

Hallo, ich heiße Olivier und komme aus Frankreich. Schon vor Weihnachten werden bei uns die Straßen mit glitzernden Girlanden geschmückt. Eine Woche vor Weihnachten stellen wir auch den Weihnachtsbaum im Wohnzimmer auf.
Am Abend des 24. Dezembers kommt die ganze Familie zu einem leckeren Festessen zusammen. Es gibt traditionelles französisches Essen wie Oliven, Austern (Muscheln), Gänseleber, Schnecken oder geräucherten Lachs. Als Nachtisch gibt es Papillote. Das sind leckere kleine Schokobonbons.
Als meine Oma noch klein war, war es Tradition, an Weihnachten einen Holzstamm im Kamin zu verbrennen. Dazu sprach der Vater des Hauses einen Segen. Heute gibt es in vielen Häusern gar keinen Ofen mehr. Deshalb gibt es den Baumstamm heute nur noch als Weihnachtsnachspeise. Sie besteht aus Schokoladencreme und Zuckerguss und hat die längliche Form eines Baumstamms.
Nach dem Essen freuen wir Kinder uns über die Bescherung. Um Mitternacht besucht uns nämlich Papa Noël, der Weihnachtsmann, und hinterlässt uns Geschenke in unseren Schuhen. Damit er uns auch nicht vergisst, singen wir dem Weihnachtsmann gemeinsam das Lied „Petit Papa Noël".

Vrolijk Kerstfeest!

Ich heiße Anneke und begrüße euch ganz herzlich. Bei uns in den Niederlanden ist nicht der Heilige Abend, sondern der 5. Dezember, der Abend vor dem Nikolaustag, der wichtigste Feiertag der Weihnachtszeit. Nikolaus heißt bei uns Sinterklaas. Es ist der Schutzpatron der Seeleute. Deshalb kommt er, zusammen mit seinem Knecht Zwarte Piet, mit dem Schiff gefahren. Mit Bischofsmütze, Mantel und weißen Handschuhen reitet er auf einem weißen Pferd an Land. In der Nacht reitet er über die Dächer und verteilt in jedem Haus kleine Geschenke. Damit er uns auch die richtigen Geschenke bringt, stecken wir in unsere Stiefel kleine Wunschzettel. Für sein Pferd legen wir Kinder Wasser, Mohrrüben und Heu bereit.
Am Abend feiern alle ein großes Familienfest. Jeder bekommt von Sinterklaas, zusätzlich zu seinen Geschenken, auch ein kleines Gedicht. Das muss man allen laut vorlesen. Dabei gibt es viel zu lachen. An den Festtagen essen wir sehr gerne Pepernoten, das sind Pfeffernüsse.

Merry Christmas!

Ich bin Harry und komme aus England. Weihnachten ist bei uns ein fröhliches Fest. Wir laden Freunde ein und schmücken die Wände mit Bändern und immergrünen Zweigen. Wir tragen bunte Papierhüte und lachen, trinken und essen viel. Es gibt Truthahn und heißen Plumpudding. Im Plumpudding wird eine Münze versteckt. Wer sie in seinem Teller findet, darf sich etwas wünschen.
Unter einer Lampe ist ein Mistelzweig aufgehängt. Trifft dort beim Tanzen ein junger Mann mit einem Mädchen zusammen, so darf er es küssen.
Am Abend des 24. Dezembers hängen wir Strümpfe am Kamin auf. Father Christmas, der Weihnachtsmann, kommt nämlich in der Nacht durch den Schornstein in die Häuser und legt die Geschenke unter die Strümpfe. Damit sich Father Christmas stärken kann, stellen wir Kinder ein Glas Milch und einen Teller mit Keksen für ihn bereit.

God Jul!

Ich heiße Birte und komme aus Schweden. Weihnachten wird bei uns Julfest genannt. Es beginnt am ersten Advent und dauert bis zum 13. Januar des nächsten Jahres. Der wichtigste Tag der Weihnachtszeit ist bei uns der 13. Dezember, denn an diesem Tag feiern wir den Lucia-Tag. Ich bin in diesem Jahr endlich die Lucia-Braut und trage ein weites, weißes Gewand und auf dem Kopf Kerzen in einem Kranz aus Preiselbeerblättern. Ich bringe Licht und Freude in die Häuser und bekomme dort kleine Gaben. Ich werde dabei von meinen Brautjungfern begleitet. Auch in Schweden haben wir einen Weihnachtsbaum, den wir mit vielen Lichtern, Strohpuppen und Gebäck schmücken. Gemeinsam essen wir an Weihnachten traditionelles schwedisches Essen wie Reisbrei und Fisch in Cremesoße. Nach dem Essen gibt es Bescherung. Die Geschenke bringt uns Jultomte, der schwedische Weihnachtsmann.

Charoúmena Christoúgenna!

Mein Name ist Athina und ich komme aus Griechenland. Der wichtigste Feiertag der Weihnachtszeit ist bei uns der 31. Dezember. An diesem Tag besucht uns Santa Basil, der Heilige Basilius. Er schlüpft nachts, wenn alle Kinder schlafen, durch die Schornsteine der Häuser. Die Geschenke versteckt er unter den Betten der Kinder.
Am Weihnachtsmorgen ziehen wir Kinder singend von Haus zu Haus. Diese Tradition nennen wir Kalanda. Die Leute schenken uns Feigen, Rosinen und süßes Gebäck.
Einen Weihnachtsbaum gibt es ganz selten.
Zu jedem Weihnachtsfest gehört auch ein ganz spezielles griechisches Weihnachtsgebäck, das sind Butterplätzchen mit Mandeln und viel Puderzucker. Man nennt sie Kourambiedes.

S roschdjestwom!

Mein Name ist Sergej und ich komme aus Russland. Wir feiern Weihnachten etwas später als in vielen anderen Ländern, nämlich am 7. Januar. Bis dahin werden die Straßen in Russland festlich geschmückt. Da wir in Russland sehr viel Schnee haben, fertigen Künstler sogar wunderschöne Eisfiguren an.
In der Weihnachtszeit finden bei uns in der Schule große Feste statt. Viele Kinder verkleiden sich dann als Waldbewohner wie zum Beispiel Hase oder Fuchs.
Das freut nämlich Väterchen Frost, unseren Weihnachtsmann. Er ist ein alter Mann mit Bart und trägt einen blauen Mantel und eine Mütze. Außerdem hat er ein Zepter dabei, mit dem er alles zu Eis gefrieren lassen kann. Begleitet wird er von seiner Enkelin, dem Schneeflöckchen. Wir erwarten die beiden ganz aufgeregt, denn sie bringen uns Geschenke mit.
Einen Tannenbaum mit Kerzen hat man in Russland selten. Aber den älteren Leuten, wie meiner Großmutter, ist er aus früherer Zeit noch gut bekannt.
An Silvester gibt es bei uns nicht nur ein Feuerwerk, sondern auch schon die Geschenke, denn damit beginnen wir die Neujahrs-Feiertage bis zu unserem Weihnachtsfest.

Name: Datum: **KV 2**

Weihnachten in Italien

1. Kannst du die Fragen beantworten?
Wann bekommen die Kinder in Italien ihre Geschenke?
Schreibe in den Kalender.

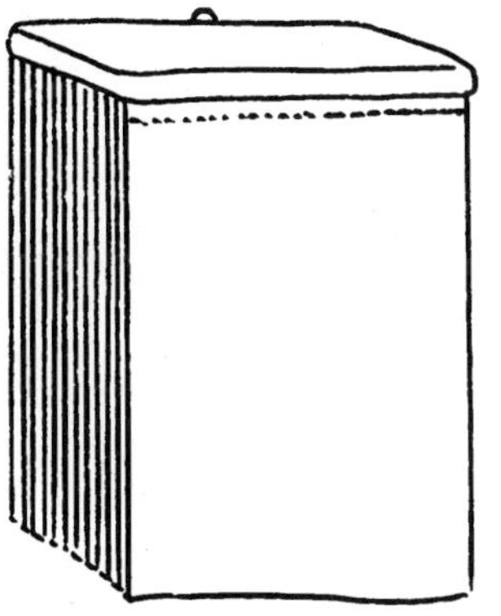

Was bekommen Kinder, die nicht brav waren?

____

Welchen Nachtisch essen italienische Kinder an Weihnachten gerne?

____

2. Die Geschenkebringerin in Italien ist die Hexe Befana. Sie fliegt von Haus zu Haus, steigt durch den Kamin und füllt die Schuhe und Strümpfe der Kinder mit Süßigkeiten. Gestalte deine eigene Hexe Befana. Schneide die Vorlage aus und bemale sie bunt.

Tipps:
- Du kannst die Hexe mit einer Schnur aufhängen.
- Beklebe den Besen mit Reisigzweigen und das Gewand der Hexe mit Stoffstücken.

Name: Datum: **KV 3**

Weihnachten in Spanien

1. Löse das Kreuzworträtsel.

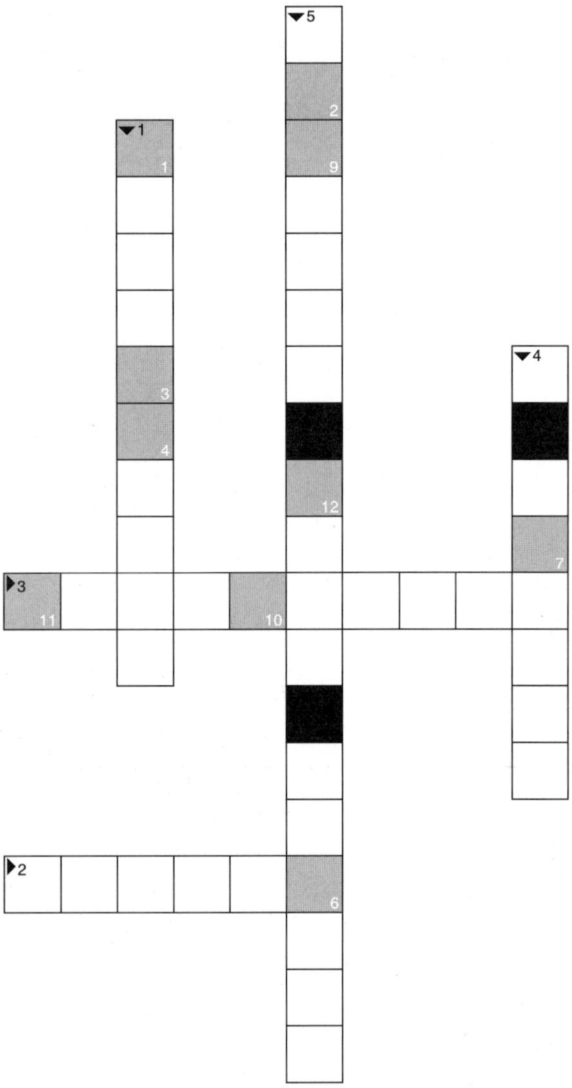

1. Weihnachten ist in Spanien ein ... Fest.
2. Ein bekanntes Essen aus Mandeln, Honig und Eiern heißt ...
3. Am Weihnachtsabend gibt es für die ganze Familie ein großes ...
4. An welchem Tag findet in Spanien die Bescherung statt?
5. Wer bringt spanischen Kindern die Geschenke?

1	2	3	4	Z

6	7	V	9	10	11	12

2. Das Lösungswort verrät dir, wie man „Frohe Weihnachten“ auf Spanisch sagt. Schreibe die Worte schön in das Weihnachtsband.

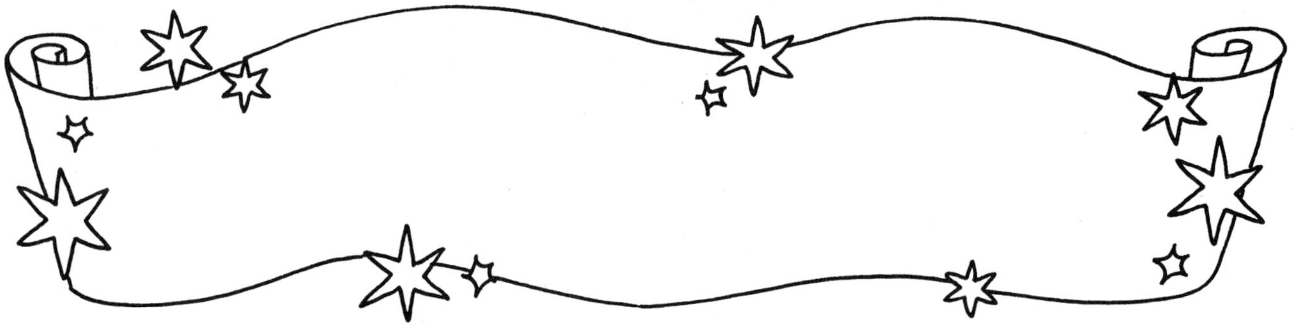

Name: Datum: **KV 4**

Weihnachten in Frankreich

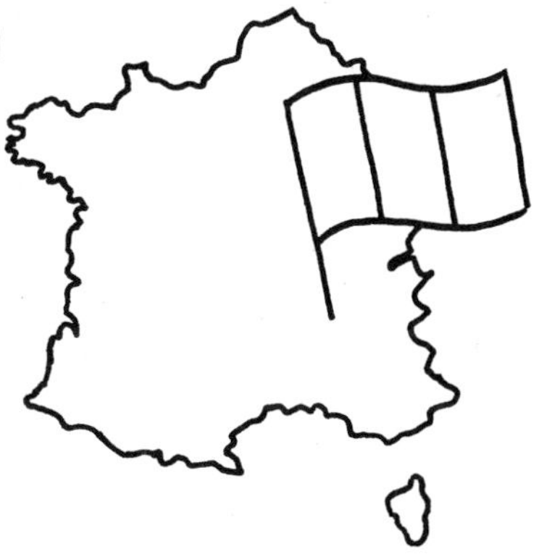

1. Das Weihnachtsessen ist in Frankreich sehr wichtig. Dort gibt es auch Speisen, die uns in Deutschland eher fremd vorkommen.
Kreise die Dinge ein, die in Frankreich an Weihnachten gegessen werden.
Streiche die Dinge durch, die die Franzosen nicht essen.

2. Damit Papa Noël, der französische Weihnachtsmann, die Kinder an Weihnachten nicht vergisst, singen sie ihm gemeinsam das berühmte Lied „Petit Papa Noël“.
Auf Deutsch heißt das Lied „Wann kommst du Weihnachtsmann“.
Singt gemeinsam das Lied auf Deutsch.

Weihnachten in den Niederlanden

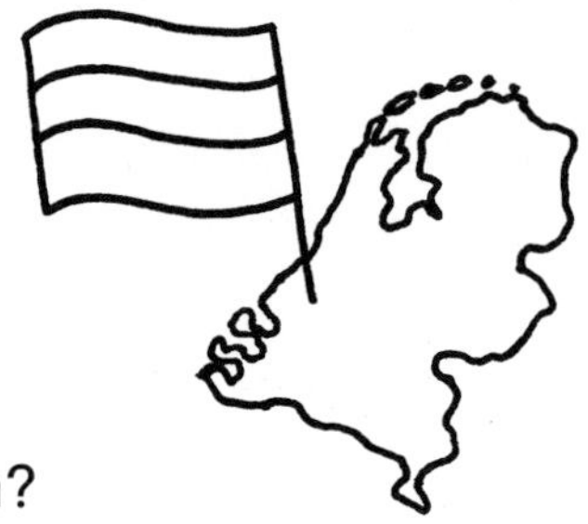

1. Kreuze die richtigen Antworten an.

Welcher ist der wichtigste Weihnachtsfeiertag in den Niederlanden?

☐ 5. Dezember ☐ 24. Dezember ☐ 31. Dezember

Wer bringt den niederländischen Kindern die Geschenke?

☐ Santa Claus ☐ Sinterklaas ☐ Weihnachtsmann

Was stellen die Kinder am Abend bereit?

☐ Milch, Kekse und Honig ☐ Wasser, Mohrrüben und Heu ☐ Limo, Pizza und Schokolade

2. Male das Bild farbig an.
Zeichne die Dinge auf den Tisch, die Kinder in den Niederlanden für das Pferd von Sinterklaas bereithalten.
Schreibe in den rechten Stiefel deinen größten Weihnachtswunsch.

Name: Datum: **KV 6**

Weihnachten in England

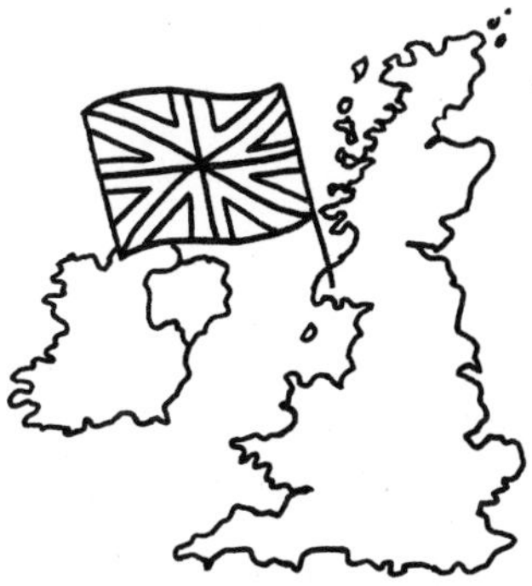

1. Verbinde die Sätze, die zusammengehören.

An Weihnachten tragen wir auf unseren Köpfen bunte …	… müssen sie sich küssen.
Wenn sich zwei Menschen unter einem Mistelzweig treffen, …	… durch den Kamin und bringt uns Geschenke.
Father Christmas rutscht nachts …	… Milch und Kekse bereit.
Am Kamin hängen wir am Abend des 24. Dezembers …	… Papierhüte.
Zur Stärkung legen wir für Father Christmas …	… Strümpfe auf.

2. Ein berühmter englischer Nachtisch an Weihnachten heißt Plumpudding. Wer in seinem Plumpudding eine Münze findet, darf sich etwas wünschen.

Spielt gemeinsam das Plumpudding-Spiel.

- Findet euch zu einer Gruppe zusammen.
- Jeder schneidet seine drei Plumpuddings aus.
- Einer malt eine Münze auf die Rückseite eines Plumpuddings.
- Mischt alle Plumpuddings und legt sie auf den Tisch.
- Zieht nacheinander einen Plumpudding.
- Wer den Plumpudding mit der Münze zieht, darf sich von den anderen etwas wünschen.

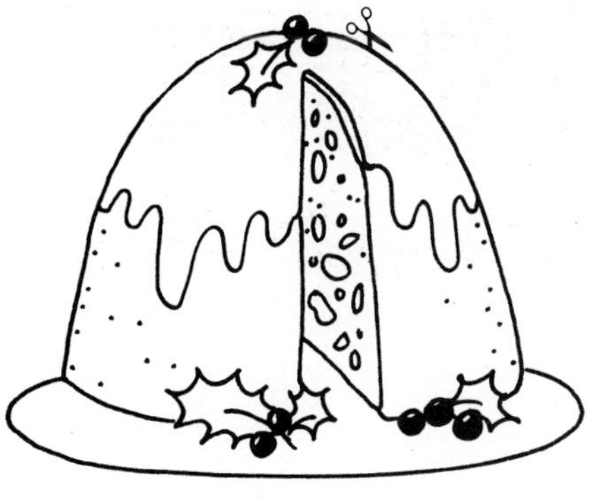

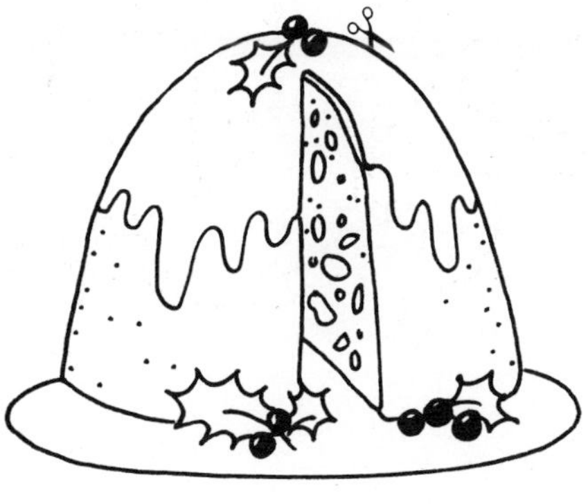

Name: Datum: **KV 7**

Weihnachten in Schweden

1. Fülle den Steckbrief mit den richtigen Wörtern zum Weihnachtsfest in Schweden.

Name des schwedischen Weihnachtsfestes:

____

Wichtigster Tag der schwedischen Weihnachtszeit:

____

Name des schwedischen Weihnachtsmannes:

____

„Frohe Weihnachten“ auf Schwedisch:

____

2. Am Lucia-Tag trägt die Lucia-Braut ein weißes Gewand und auf dem Kopf Kerzen in einem Kranz aus Preiselbeerblättern. Bastle dir deine eigene Lucia-Krone. Male die Krone farbig an.

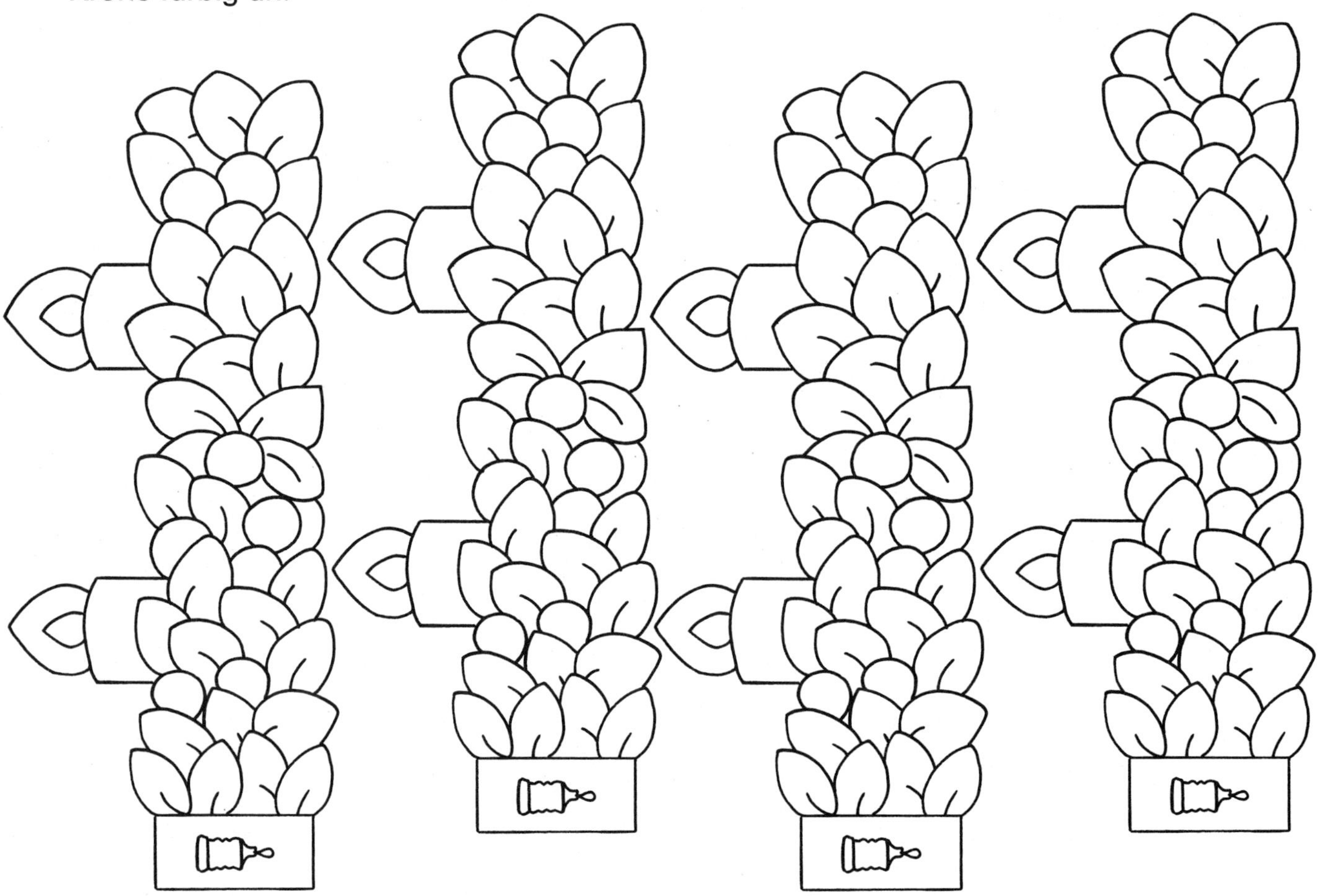

Name: Datum: KV 8

Weihnachten in Griechenland

1. Fülle die Lücken mit den richtigen Wörtern.

Betten Schornsteine 31. Dezember
Santa Basil Kourambiedes

Der wichtigste Feiertag der Weihnachtszeit ist in Griechenland der ______________________. An diesem Tag bekommen die Kinder Besuch von ______________________. Er schlüpft nachts durch die ______________________ der Häuser und versteckt Geschenke unter den ______________________ der Kinder. An Weihnachten essen griechische Kinder gerne Plätzchen mit Mandeln und viel Puderzucker. Man nennt sie ___________________________.

2. In Griechenland ziehen die Kinder am Weihnachtsmorgen von Haus zu Haus. Überlegt euch ein weihnachtliches Gedicht oder Lied, das die Kinder an den Türen der Menschen aufsagen könnten.

____

____

____

____

____

____

____

____

____

Name: Datum: **KV 9**

Weihnachten in Russland

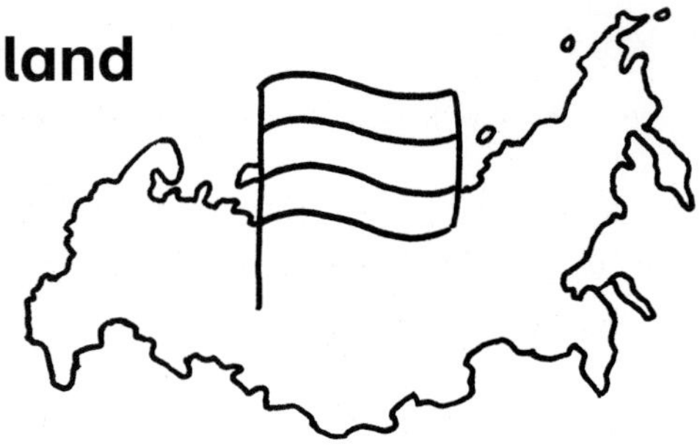

1. Die Buchstaben mancher Wörter sind durcheinandergeraten.
   Schreibe die Wörter in der richtigen Reihenfolge auf die Linien.

   Weihnachten feiert man in Russland am 7. **RUAJAN**.

   ____

   Die Weihnachtsgeschenke bekommen die Kinder in Russland an **HJARNEU**.

   ____

   Künstler bauen im kalten Russland an Weihnachten kunstvolle **EFIISGURNE**.

   ____

   Der russische Weihnachtsmann heißt **TEHENRCVÄ OSTFR**.

   ____

   Die Enkelin des russischen Weihnachtsmanns heißt **NEEFLCHENÖCKSCH**.

   ____

2. Väterchen Frost kann mit seinem Zepter Dinge zu Eis gefrieren lassen.
   Schreibe alles hinein, was du an Weihnachten nicht haben möchtest (z. B. Wut, Hass, Streit, …).

   Das soll an Weihnachten zu Eis gefrieren:

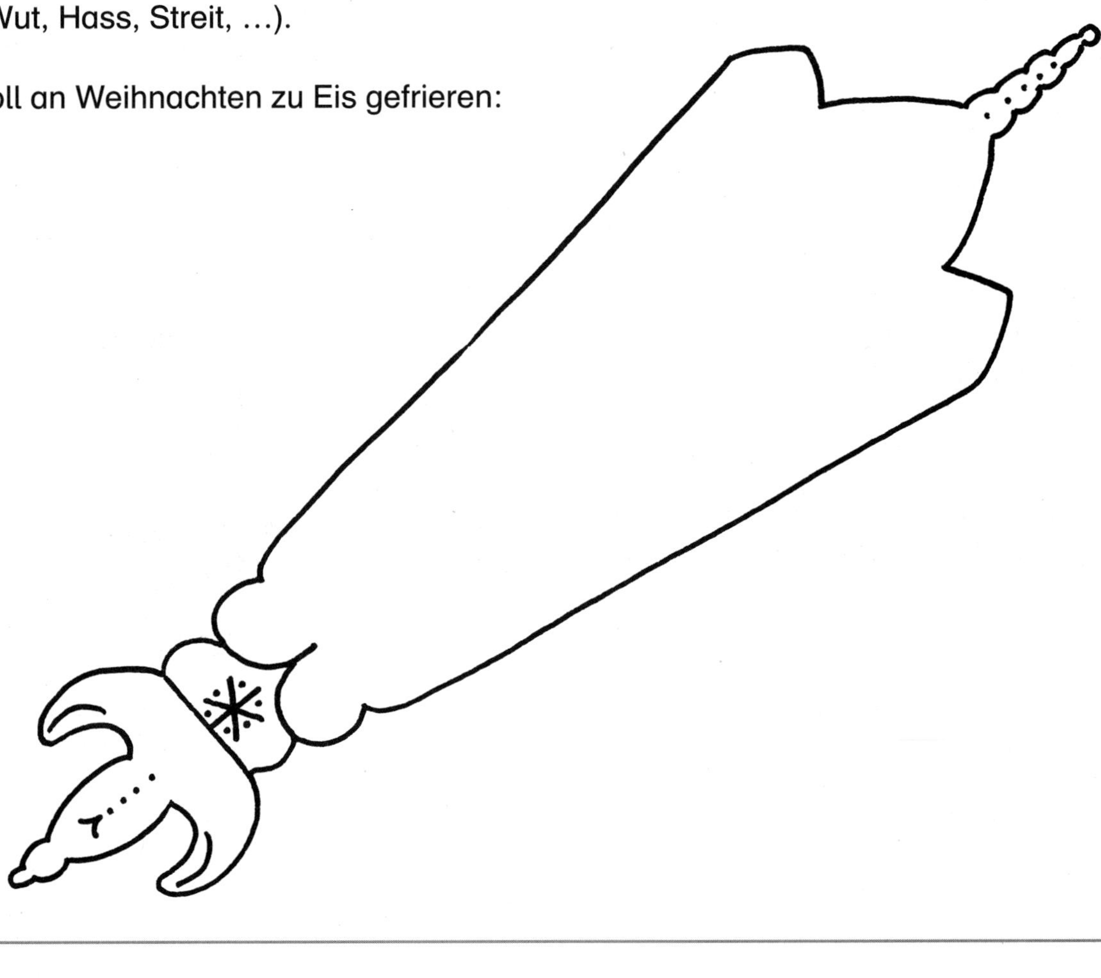

Weihnachtsquiz – Länder vergleichen

1. Schneidet die einzelnen Streifen aus. Links seht ihr die Fragen und rechts die Antworten. Knickt die Streifen in der Mitte um. Klebt die Antworten jeweils auf der Rückseite der Fragen fest.

   Tipp: Ihr könnt auch eigene Fragen erfinden und auf Zettel schreiben.

2. Legt den Kartenstapel mit der Frage nach oben auf den Tisch.

3. Wählt ein Kind aus. Es nimmt die erste Karte. Weiß es die Antwort auf die Frage, bekommt es einen Punkt. Nun ist das nächste Kind an der Reihe.

Wie wünschen sich die Menschen in Italien „Frohe Weihnachten“?	Buon Natale
Wie wünschen sich die Menschen in Spanien „Frohe Weihnachten“?	Feliz Navidad
Wie wünschen sich die Menschen in Frankreich „Frohe Weihnachten“?	Joyeux Noël
Wie wünschen sich die Menschen in den Niederlanden „Frohe Weihnachten“?	Vrolijk Kerstfeest
Wie wünschen sich die Menschen in England „Frohe Weihnachten“?	Merry Christmas
Wie wünschen sich die Menschen Schweden „Frohe Weihnachten“?	God Jul

Wie wünschen sich die Menschen in Griechenland „Frohe Weihnachten"?	Charoúmena Christoúgenna
Wie wünschen sich die Menschen in Russland „Frohe Weihnachten?"	S roschdjestwom!
Wer bringt in Italien die Geschenke?	Hexe Befana
Wer bringt in Spanien den Kindern Geschenke?	Heilige Drei Könige
Wer bringt den Kindern in Frankreich Geschenke?	Papa Noël
Wer kommt in den Niederlanden zu den Kindern?	Sinterklaas (und Schwarte Piet)
Wer bringt in England die Geschenke?	Father Christmas
Wer bringt in Schweden die Geschenke?	Jultomte
Welcher Geschenkebringer besucht die Kinder in Griechenland?	Santa Basil

Wer bringt die Geschenke in Russland?	Väterchen Frost (und seine Enkelin Schneeflöckchen)
Was bringt die Hexe Befana Kindern, die nicht brav waren?	Kohlen (schwarz gefärbte Zuckermasse)
Welche Süßigkeit essen spanische Kinder gerne an Weihnachten?	Turron (aus gerösteten Mandeln, Honig und Eiern)
Welche Weihnachtsnachspeise gibt es in Frankreich?	Baumstamm (aus Schokoladencreme und Zuckerguss)
Was stellen die Kinder in den Niederlanden für das Pferd von Sinterklaas bereit?	Wasser, Mohrrüben und Heu
Was passiert, wenn sich zwei Menschen in England unter einem Mistelzweig treffen?	Sie müssen sich küssen.
Was trägt die Lucia-Braut in Schweden auf dem Kopf?	einen Kranz aus Preiselbeerzweigen mit Kerzen darauf
Wo versteckt Santa Basil die Geschenke für griechische Kinder?	unter ihren Betten
Welche Farbe hat der Mantel von Väterchen Frost?	blau

Minibuch Geschenkebringer

1. Schneide das Minibuch am Rand aus (- - - - - - -). Falte es nach den Vorgaben (———) und schneide es in der Mitte ein (———). Klebe das Buch an den weißen Flächen zusammen.

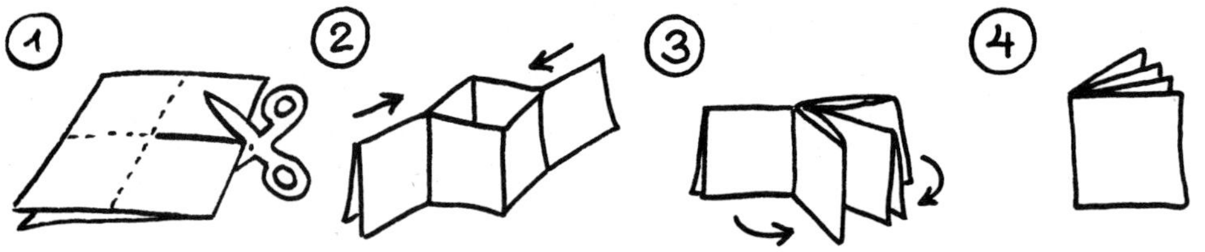

2. Male die Bilder des Minibuchs mit Buntstiften an.
3. Sprecht darüber, in welchem Land diese Geschenkebringer den Kindern Freude machen.

Name: Datum:

Weihnachtsgrüße und Landesflaggen

1. Sucht im Lexikon oder im Internet, wie die Flagge des jeweiligen Landes aussieht und malt sie in das freie Feld.
2. Bastelt die Flaggen. Ihr benötigt Malpapier und Wasserfarben. Klebt die fertigen und getrockneten Flaggen an Holzstäbe.

Land	Weihnachtsgruß	Landesflagge
Frankreich	Joyeux Noël	
England	Merry Christmas	
Spanien	Feliz Navidad	
Schweden	God Jul	
Italien	Buon Natale	
Niederlande	Vrolijk Kerstfeest	
Griechenland	Charoúmena Christoúgenna	
Russland	S roschdjestwom!	

Quartett – Weihnachten in Europa

1. Malt die Bilder des Quartetts farbig aus. Schneidet die Karten aus.
2. Spielt das Quartett: Mischt die Karten und teilt sie aus. Wer alle vier Karten eines Landes zusammen hat, bekommt einen Punkt.

Italien		Buon Natale	Hexe Befana 
Spanien		Feliz Navidad	Heilige Drei Könige 
Frankreich		Joyeux Noël	Papa Noël 
Niederlande		Vrolijk kerstfeest	Sinterklaas 

Quartett – Weihnachten in Europa

England		Merry Christmas	Father Christmas 
Schweden		God Jul	Jultomte 
Griechenland		Charoúmena Christoúgenna	Santa Basil 
Russland	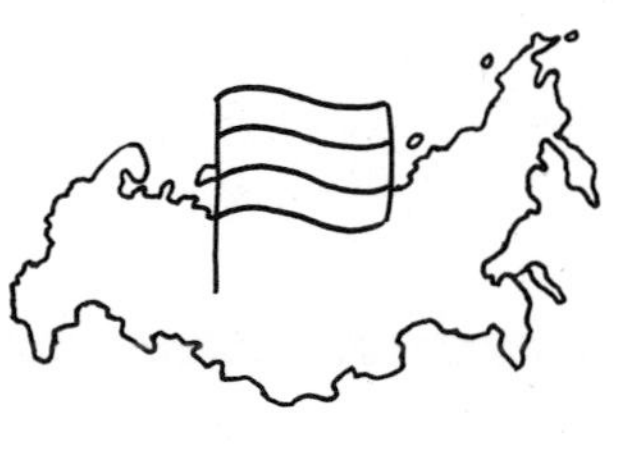	S roschdjestwom!	Väterchen Frost 

Name: Datum: **KV 14**

… ist krank!

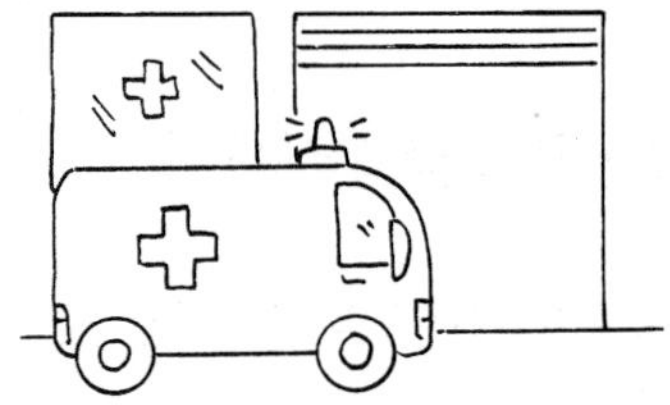

1. Suche dir deinen Lieblings-Geschenkebringer aus einem anderen europäischen Land aus (z. B. Sinterklaas aus den Niederlanden, Santa Basil aus Griechenland oder die Heiligen Drei Könige aus Spanien).
2. Stelle dir vor, der Geschenkebringer dieses Landes ist heuer an Weihnachten krank geworden. Der deutsche Weihnachtsmann oder das Christkind muss ihn vertreten.
3. Schreibe aus Sicht des kranken Geschenkebringers einen Brief an den Weihnachtsmann/das Christkind.
   Welche Aufgaben muss die Vertretung übernehmen?
   Was ist in deinem Land anders als in Deutschland (z. B. Datum, Bräuche, …)?
   Was muss die Vertretung unbedingt beachten?

Inhalte des Kapitels

Im Kapitel „Weihnachten auf der ganzen Welt“ lernen die Kinder Weihnachtsbräuche anderer Kontinente kennen.
Zu jedem Kontinent gibt es ein Arbeitsblatt. Ausgangslage bildet jeweils ein Text, in dem ein Kind des jeweiligen Kontinents von seinem Weihnachtsfest erzählt. Nach dem Lesen besprechen die Kinder die Inhalte des Textes und vergleichen ihr eigenes Weihnachtsfest mit dem des anderen Kontinents. Eine weiterführende Aufgabe lädt zum kreativen Denken und Gestalten ein.
Abschließend werden noch einmal alle Kontinente bei der Gestaltung eines Leporellos oder dem Durchlaufen eines weihnachtlichen Brettspiels gefestigt.

Übersicht Arbeitsblätter

KV	Name	Hinweise/Material
1	Weihnachten in Australien	Oprimal wäre, wenn nach dem Schreiben der Einkaufsliste auch tatsächlich eine „australische Weihnachtsfeier“ im Klassenzimmer durchgeführt wird. Je nachdem, welche Dinge die Kinder auf die Einkaufsliste gesetzt haben, muss diese eventuell gekürzt/erweitert werden. Tipp: Binden Sie wenn möglich auch die Eltern in die Organisation mit ein.
2	Weihnachten in Asien	Die Kinder basteln je Gruppe ein Kamishibai. Dieses lässt sich einfach aus einem festeren Karton zum Aufklappen herstellen. Die Rückseite muss dabei mit einem Rahmen beklebt werden, in den später die gestalteten Bilder eingeklemmt werden können. 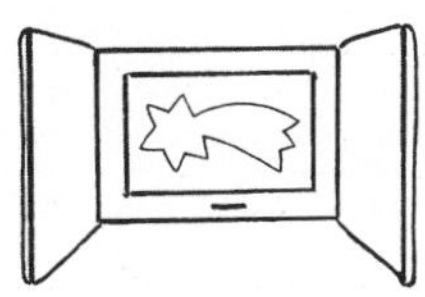 Tipp: Alternativ können auch fertige Kamishibais aus Holz käuflich erworben werden. Für die Gestaltung der Bilder benötigen die Kinder Papier (auf die Größe des Kamishibais zugeschnitten) sowie Buntstifte, Wachsmalkreiden oder Wasserfarben.
3	Weihnachten in Afrika	Sollen die Masken später auch getragen werden, bietet es sich an, die Vorlage vor der Ausgestaltung auf festeres DIN-A3-Papier hochzukopieren. Zusätzlich wird dann je Schüler ein Gummiband benötigt, um die Maske am Kopf zu befestigen. Tipp: Für das Einüben eines Maskentanzes bietet sich das Lied „Kum ba ya my Lord“ an.

KV	Name	Hinweise/Material
4	Weihnachten in Nordamerika	Die Bewegungsgeschichte lässt sich entweder in Gruppen (einer liest, die anderen führen aus) oder als gesamte Klasse durchführen (der Lehrer liest). Das Lied „Rudolph the red nosed reindeer“ können Sie über YouTube abrufen. Tipp: Das Lied kann auch schon während der Bewegungsgeschichte leise im Hintergrund laufen.
5	Weihnachten in Südamerika	Die Kinder benötigen Buntstifte. Eine echte Piñata wird aus Pappmaché hergestellt. Dafür werden Kleister, Gefäße, Papierstücke, Pinsel und Luftballons benötigt. Tipp: Die Gestaltung einer Piñata eignet sich vor allem als Projekt für den Kunstunterricht.
6	Leporello – Weihnachten rund um die Welt	Die Kinder benötigen eine Schere, Kleber und Buntstifte.
7	Weihnachtsbrettspiel	Die Klasse wird in Gruppen unterteilt. Jede Gruppe benötigt einen Würfel und eine Brettspiel-Vorlage (auf DIN-A3-Format hochkopiert). Außerdem erhält jedes Kind eine Spielfigur. Die Kinder dürfen nacheinander würfeln und so viele Felder vorrücken, wie der Würfel Augen zeigt. Landen sie auf einem Spezialfeld, müssen sie eine Weihnachtsfrage beantworten. Wer als Erstes am Ziel angekommen ist, hat das Spiel gewonnen. Tipps: • Um das Spielfeld attraktiver zu gestalten, können die Schüler die Felder zuvor farbig ausgestalten. • Die Kinder können auch selbst ein Spielfeld oder auch nur einzelne Fragen entwerfen.

Weiterführender Einsatz der Arbeitsblätter

Wie intensiv Sie nach der Bearbeitung der Arbeitsblätter an den Themen weiterarbeiten möchten, können Sie je nach vorhandener Zeit selbst entscheiden. Die Arbeitsblätter, Spiele und Bastelvorlagen bieten die Ausgangslage für viele kreative Ideen:

- Weihnachtsausstellung zu Weihnachten auf anderen Kontinenten der Welt planen
- typische Weihnachtslieder anderer Länder singen oder ein Liederbuch dazu entwerfen
- Rezeptebuch zu typischen Weihnachtsleckereien rund um die Welt gestalten
- Weihnachtsfeier mit dem Motto „Weihnachten hier und anderswo“ organisieren

Name: Datum: KV 1

Weihnachten in Australien

1. Lest den Text. Markiert wichtige Informationen.

Mein Name ist Jack und ich lebe mit meiner Familie in Australien. An Weihnachten ist bei uns Hochsommer. Da es dann mindestens 30 Grad hat, haben wir auch keinen echten Tannenbaum. Er würde viel zu schnell seine Nadeln verlieren. Stattdessen kann man aber in vielen Geschäften kleine Plastikbäumchen kaufen. Auch die Bäume auf den Straßen werden mit Lichtern, Kugeln und Weihnachtsdekoration geschmückt.
In der Nacht vom 24. auf 25. Dezember schlüpft der Weihnachtsmann durch den Kamin der Häuser und lässt Geschenke für die Kinder da. Am nächsten Tag verbringen wir unser Weihnachtsfest mit unserer kompletten Verwandtschaft am Strand. Jeder bringt seine Geschenke mit und zeigt den anderen, was er vom Weihnachtsmann bekommen hat. Mein Onkel stellt sogar seinen großen Grill auf und organisiert für alle ein leckeres Barbecue. Wir sitzen alle in Bikini und Badehose auf Picknickdecken und genießen die Sonne. Letztes Jahr fuhr im Meer sogar der Weihnachtsmann auf Wasserskiern vorbei.

2. Unterhaltet euch in Partnerarbeit über den Inhalt des Textes.
Wie unterscheidet sich das Weihnachtsfest in Australien von dem in Deutschland?

3. Plant gemeinsam ein Weihnachtsfest am Strand. Was braucht ihr dafür?
Schreibt eine Einkaufsliste. Wer bringt was mit?

Tipp: Führt euer Weihnachtspicknick im Klassenzimmer durch.

Weihnachten in Asien

1. Lest den Text. Markiert wichtige Informationen.

Mein Name ist Li-Ming und ich lebe mit meiner Familie in China, auf dem Kontinent Asien. In Asien leben Menschen mit unterschiedlichen Religionen.
Es gibt dort Christen, Muslime, Hindus und Buddhisten. Meine Familie gehört, wie die meisten Menschen in China, dem Buddhismus an. Wir verehren Buddha und feiern deshalb nicht die Geburt Jesu.
Da in unserem Land auch einige Christen leben, wird an manchen Orten trotzdem Weihnachten gefeiert.
In größeren Städten wie Hong Kong oder Macau, in denen viele Christen leben, sind der 25. und 26. Dezember sogar Feiertage.
Hier findet man im Stadtzentrum auch große geschmückte Weihnachtsbäume.
Das Dorf, in dem ich mit meiner Familie lebe, ist aber weit von diesen Großstädten entfernt. Wir bekommen deshalb vom Weihnachtsfest kaum etwas mit. Stattdessen besuche ich mit meiner Familie regelmäßig den buddhistischen Tempel.

2. Unterhaltet euch in Partnerarbeit über den Inhalt des Textes.
Wie unterscheidet sich das Weihnachtsfest in Asien von dem in Deutschland?

3. Erklärt Li-Ming, warum und wie wir in Deutschland Weihnachten feiern.
Gestaltet dazu ein Kamishibai (Erzähltheater).
   - Bastelt aus Karton einen Guckkasten.
   - Überlegt euch, was ihr erzählen möchtet.
   - Gestaltet mehrere Bilder in der Größe des Guckkastens.
     Die Bilder sollen zu eurer Erzählung passen.
   - Steckt die Bilder in der richtigen Reihenfolge hintereinander in euer Kamishibai.
   - Erzählt eure Geschichte. Nehmt nach und nach die Bilder aus dem Kasten, sodass immer das nächste Bild sichtbar wird.

Name: Datum: **KV 3**

Weihnachten in Afrika

1. Lest den Text. Markiert wichtige Informationen.

Mein Name ist Tayo und ich lebe mit meiner Familie in Gambia, auf dem Kontinent Afrika. Weihnachten feiern wir am 25. Dezember. Besonders wichtig ist uns an diesem Tag die Familie. Wir schmücken unser Haus, tauschen Geschenke aus und sitzen bei einem leckeren Essen zusammen. Es gibt scharf gewürzten Reis, Hühnerfleisch und Früchte.
Anschließend nehmen wir an einem großen maskierten Umzug teil. Alle Leute unseres Dorfes tragen dann festliche Gewänder und bunte Masken. Die Mango- und Guavenbäume am Straßenrand und auf dem Marktplatz sind dann festlich dekoriert. Gemeinsam feiern wir bis spät in die Nacht. Wir singen traditionelle Lieder, tanzen und trommeln dazu.

2. Unterhaltet euch in Partnerarbeit über den Inhalt des Textes.
Wie unterscheidet sich das Weihnachtsfest in Afrika von dem in Deutschland?

3. Gestaltet eure eigene afrikanische Weihnachtsmaske.
Malt sie mit Buntstiften aus.

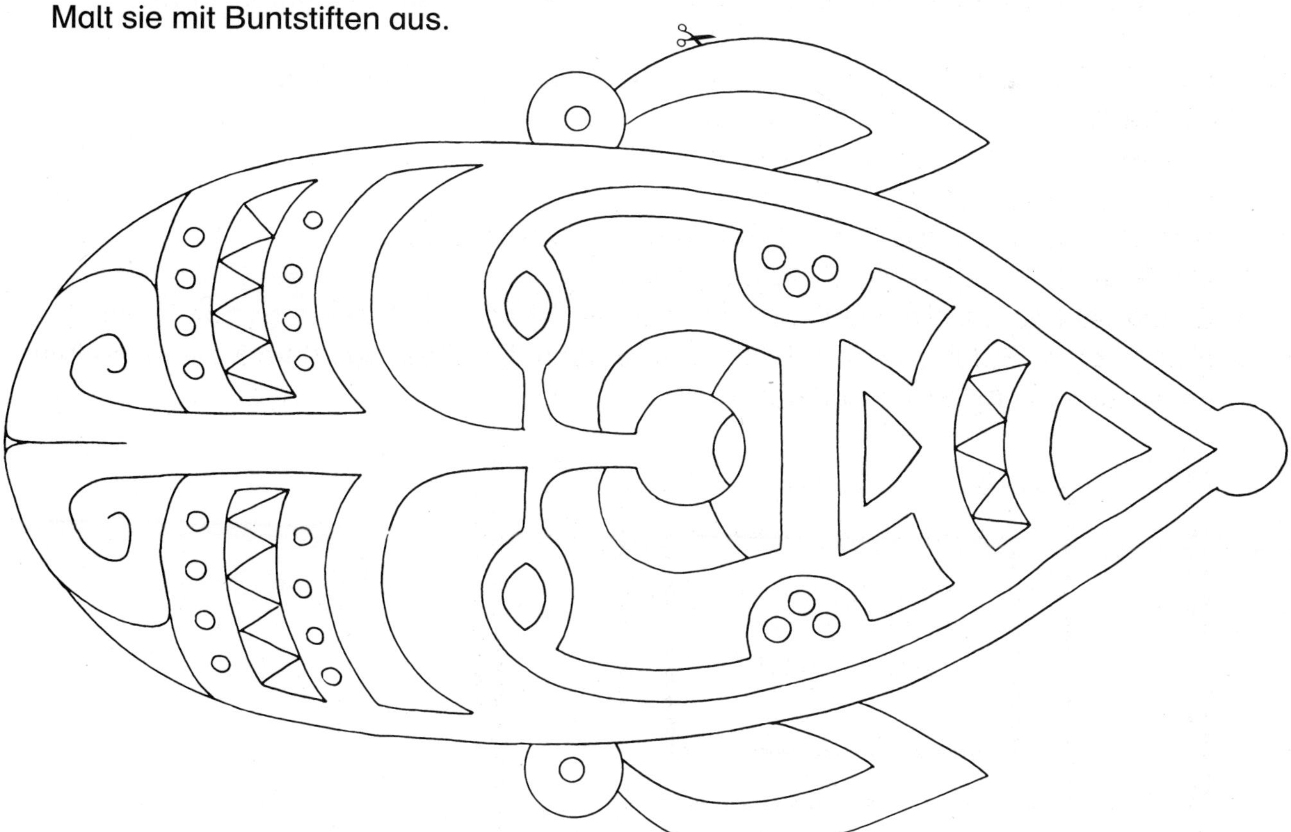

Tipp: Übt gemeinsam einen Tanz mit euren Masken ein.

Weihnachten in Nordamerika

1. Lest den Text. Markiert wichtige Informationen.

Mein Name ist Abigail und ich lebe mit meiner Familie in den USA, auf dem Kontinent Nordamerika. Wir leben in New York, einer großen Stadt an der Ostküste.
An Weihnachten wird es bei uns sehr kalt und es schneit. Die Stadt sieht dann sehr weihnachtlich aus. Die Straßen sind mit glitzernden Lichtern dekoriert und in den Schaufenstern der Kaufhäuser stehen riesige Weihnachtsbäume.
Am Abend des 24. Dezembers gehe ich mit meiner Familie gemeinsam in die Kirche. Anschließend gibt es ein leckeres Weihnachtsessen. Es gibt gefüllten Truthahn und dazu Kartoffelbrei, Süßkartoffeln und Zwiebelkuchen.
Bevor ich ins Bett gehe, hänge ich meine Socken an den Kamin und stelle ein Glas Milch und Kekse ins Wohnzimmer. Diese sind als Stärkung für Santa Claus gedacht. Denn er kommt nachts auf einem Schlitten durch die Lüfte geflogen, der von acht Rentieren gezogen wird. Heimlich schlüpft er durch den Kamin und lässt Geschenke da. Am 25. Dezember kann ich diese gleich in der Früh auspacken.

2. Unterhaltet euch in Partnerarbeit über den Inhalt des Textes.
Wie unterscheidet sich das Weihnachtsfest in Nordamerika von dem in Deutschland?

3. Schneidet die Karten aus. Führt gemeinsam die Bewegungsgeschichte aus.

①
Es ist kurz vor Weihnachten. Die Rentiere haben sich noch im Wald versteckt.

(unter dem Tisch verstecken)

②
Die Rentiere werden in den Schlitten gespannt. Sie ziehen den schweren Schlitten durch den Schnee.

(in einer Polonaise durch das Klassenzimmer gehen)

③
Der Schlitten hebt ab. Die Rentiere springen von Wolke zu Wolke.

(hüpfen)

④
Die Rentiere landen sanft auf dem Hausdach und werfen die Geschenke in den Kamin.

(auf Zehenspitzen balancieren)

Tipp: Singt gemeinsam das Lied „Rudolph the red nosed reindeer“.

Name: Datum: KV 5

Weihnachten in Südamerika

1. Lest den Text. Markiert wichtige Informationen.

Mein Name ist Felipe und ich lebe mit meiner Familie in Bolivien, auf dem Kontinent Südamerika.
An Weihnachten ist bei uns Hochsommer. Weihnachten ist deshalb ein fröhliches und ausgelassenes Fest.
Alle Familienmitglieder essen, singen und tanzen die ganze Nacht. Am Ende der Feier gibt es ein großes Feuerwerk.
Zum Weihnachtsessen gehören Empanadas, das sind Teigtaschen, die mit gewürztem Fleisch gefüllt sind, und süßes Honiggebäck. Nach dem Essen wird für uns Kinder die Piñata aufgehängt.
Das ist ein Tongefäß, das an einem Seil hängt. Dreimal darf jedes Kind mit verbundenen Augen nach der Piñata schlagen. Wenn die Piñata zerbricht, fallen Süßigkeiten, Früchte und Nüsse heraus.
Unsere Geschenke bekommen wir Kinder erst am 6. Januar. Sie werden von den Heiligen Drei Königen gebracht. Dazu stellen wir abends unsere Schuhe ans Fenster. Am nächsten Morgen sind sie gefüllt.

2. Unterhaltet euch in Partnerarbeit über den Inhalt des Textes.
Wie unterscheidet sich das Weihnachtsfest in Südamerika von dem in Deutschland?

3. Gestaltet eure eigene Piñata. Malt sie mit Buntstiften aus.
Schreibt die Namen eurer Lieblings-Süßigkeiten um die Piñata herum.

Tipp: Bastelt eine echte Piñata für das Klassenzimmer und füllt sie mit euren Lieblings-Süßigkeiten. Kurz vor Weihnachten dürft ihr sie zerschlagen.

Name: Datum: **KV 6**

Leporello – Weihnachten rund um die Welt

1. Schneide das Leporello aus (--------) und klebe die beiden Teile zusammen.
2. Falte es wie eine Ziehharmonika (———).
3. Male die Bilder an.
4. Schreibe auf die Rückseiten das Wichtigste zu den einzelnen Kontinenten.

Asien

Südamerika

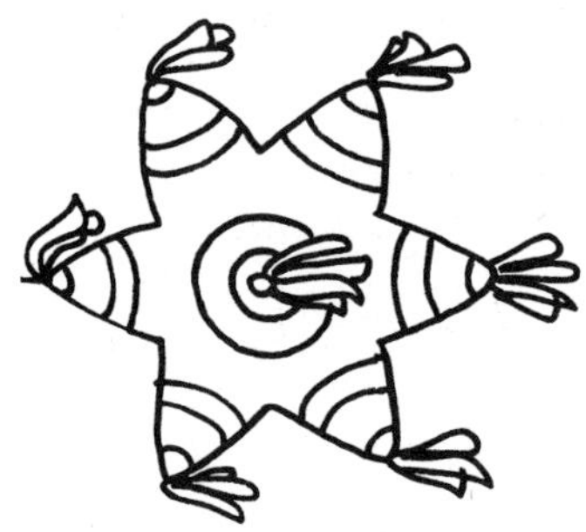

Australien

Nordamerika

Weihnachten in der Welt

Afrika

Klebelasche

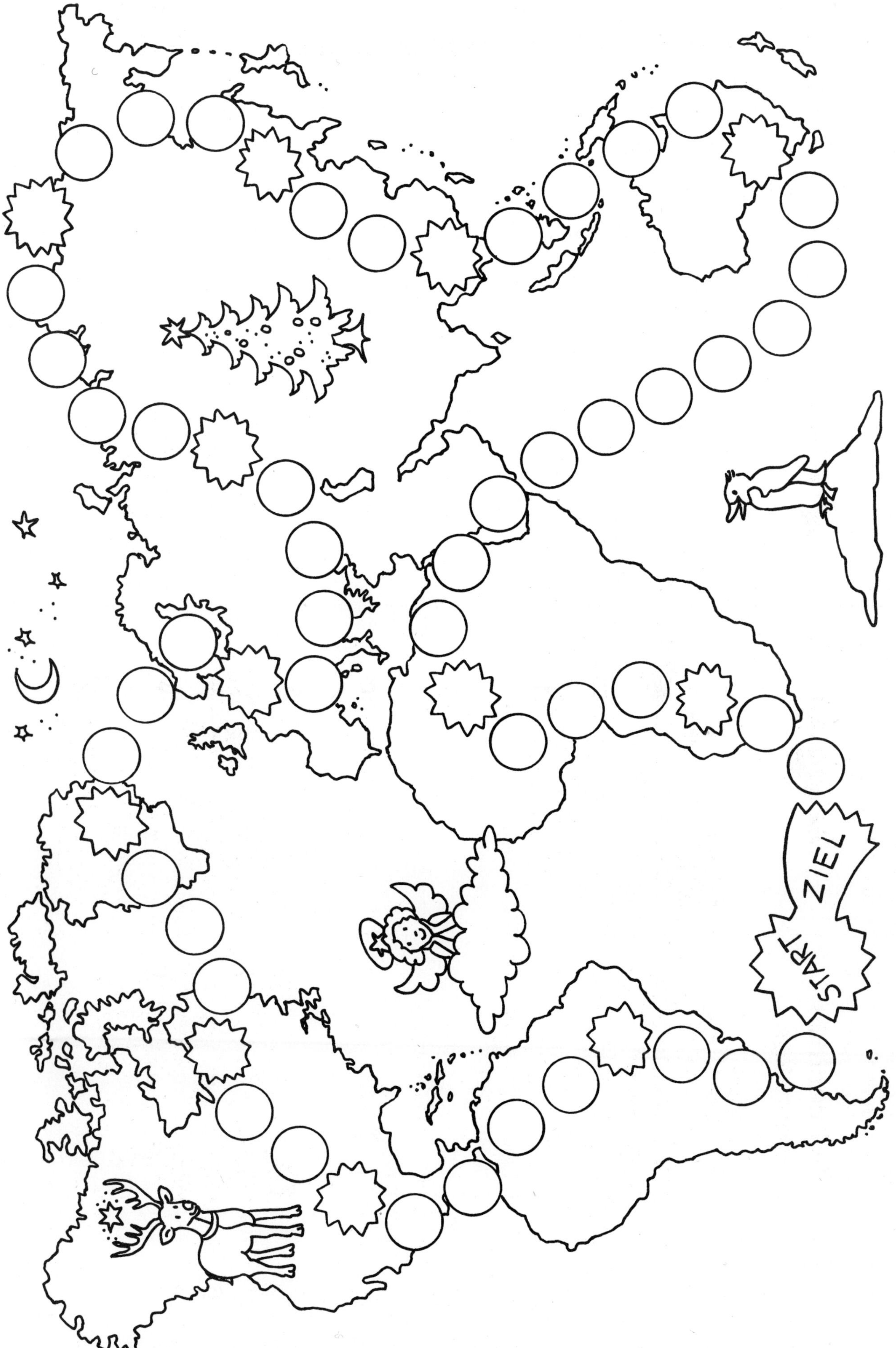
ZIEL
START

Welche Jahreszeit ist in Australien an Weihnachten? *Sommer*	Wer bringt die Geschenke in Australien? *Weihnachtsmann*	Wie feiern viele Australier Weihnachten? *mit einem Barbecue am Strand*	Welchen Glauben haben viele Leute in Asien? *Buddhismus*
Wo in China sind der 25. und 26. Dezember Feiertage? *Großstädte Hong Kong und Macau*	Wie feiern viele Afrikaner Weihnachten? *Straßenfest, Maskenumzug*	Was ist den Afrikanern an Weihnachten besonders wichtig? *Familie*	Was gibt es in Nordamerika an Weihnachten traditionell zu essen? *gefüllten Truthahn*
Wer bringt die Geschenke in Nordamerika? *Santa Claus*	Wie viele Rentiere ziehen den Schlitten von Santa Claus? *acht*	Was stellen Kinder in Nordamerika für Santa Claus bereit? *Milch und Kekse*	Wann bekommen die Kinder in Nordamerika ihre Geschenke? *25. Dezember*
Wann bekommen die Kinder in Südamerika ihre Geschenke? *6. Januar*	Was zerschlagen die Kinder in Südamerika an Weihnachten? *Piñata*	Was isst die Familie in Südamerika an Weihnachten? *Empanadas und Honiggebäck*	Wer bringt den Kindern in Südamerika die Geschenke? *Heilige Drei Könige*